Kard. Stanisław Dziwisz

ŚWIADECTWO

w rozmowie z Gian Franco Svidercoschim

ŚWIADECTWO

ISBN - 978-83-922882-1-3

WYDAWCA: Przemysław Häuser

Przekład autoryzowany z oryginału włoskiego pod tytułem „Una vita con Karol"
Magdalena Wolińska-Riedi

REDAKCJA:
ks. dr Bogusław Steczek SJ
ks. dr Tomasz Chmura
ks. dr Paweł Ptasznik
ks. dr Dariusz Raś
mgr Danuta Rybicka
mgr Jarosław Mikołajewski

WSPÓŁPRACA REDAKCYJNA:
Jan Cywiński
Edward Jewdokimow
Katarzyna Kubicka
Paweł Rydz
Hanna Szewczyk

PROJEKT GRAFICZNY KSIĄŻKI:
Clinton Van Gemert dla Mucca Design
FOTOGRAFIA FRONT: © AP Photo/LaPresse/Plinio Lepri
FOTOGRAFIA TYŁ: © servizio fotografico dell'Osservatore Romano

TBA Komunikacja Marketingowa Sp. z o.o.
ul. Bałtycka 6, 61-013 Poznań

DRUK: TZG Zapolex

Warszawa 2007

Przedmowa
Chusta

To wtedy po raz ostatni widziałem jego twarz.

Mówiąc prawdę, widziałem ją jeszcze setki razy. O każdej porze. Każdego dnia. Oczami wiary. I, oczywiście, oczami serca, oczami pamięci. Nadal też odczuwam jego obecność, choć inną od tej, do której przywykłem.

Ale wtedy po raz ostatni widziałem jego twarz tak dosłownie. Po ludzku. Po raz ostatni widziałem tego, który był dla mnie ojcem i mistrzem. Po raz ostatni widziałem jego sylwetkę, dłonie. Ale przede wszystkim widziałem twarz. Patrząc na nią przypominałem sobie jego spojrzenie. Bo właśnie ono tak uderzało, tak przyciągało uwagę.

Pragnąłem, aby ta chwila trwała wiecznie. Robiłem wszystko w zwolnionym tempie, żeby wydłużyć czas w nieskończoność.

Aż w pewnej chwili poczułem na sobie spojrzenia i zrozumiałem. Zrozumiałem, że muszę…

Wziąłem białą tkaninę i położyłem na jego twarzy. Delikatnie. Jak gdybym się bał, że mogę go zranić. Jakby ten jedwab miał być dla niego ciężarem, udręką.

Na szczęście z pomocą przyszły mi słowa modlitwy: „Panie, niech jego twarz ogląda teraz Twe ojcowskie oblicze, niech twarz, której nasz wzrok już nie ogląda, kontempluje Twoje piękno".

On przebywał już w domu Ojca, przed obliczem Pana. Ziemskie pielgrzymowanie dobiegło kresu.

W ten sposób zacząłem podążać za słowami modlitwy, a modląc się, zacząłem wspominać. Przeżywać na nowo czterdzieści lat, które ja, taki zwyczajny ksiądz, ocierając się o „tajemnicę", spędziłem u jego boku. U boku Karola Wojtyły.

KARDYNAŁ STANISŁAW DZIWISZ

Jest takie wspomnienie Karola Wojtyły, które w szczególny sposób utkwiło mi w pamięci i w sercu. Pierwszy przyjazd do Polski w roli papieża, w czerwcu 1979 roku, szczególnie spotkanie ze studentami.

Tamtego poranka Warszawa z Wisłą w tle, oświetlona pierwszymi promieniami słońca, które z trudem przebijały się przez chmury, była urocza. Kiedy tylko Papież zaczął przemawiać, wszystkim zaczęły mocno bić serca. A pod koniec, niczym na rozkaz, tysiące młodych ludzi w jednej chwili podniosły w stronę Ojca Świętego małe, drewniane krzyże.

Wtedy odczytałem tylko polityczne znaczenie tego gestu. Zrozumiałem, że pokolenie młodych Polaków uodporniło się na komunizm i że wkrótce w tym kraju nastąpi trzęsienie ziemi.

Ale w tym morzu krzyży tkwił zalążek czegoś znacznie potężniejszego od ludowej rewolucji. To „tajemnica", z której w tamtym momencie nie zdawałem sobie w pełni sprawy, a której rozwiązanie znalazłem dwadzieścia sześć lat później, w nieprzebranych tłumach, zmierzających do Jana Pawła II, aby pożegnać się z nim po raz ostatni.

Myślę, że był w tym głęboki, widoczny wymiar jego nauczania. Karol Wojtyła ukazał oblicze Boga, ludzkie oblicze Boga i Wcielenia. Stał się odtwórcą i narzędziem Bożego ojcostwa. Zmniejszył odległość pomiędzy niebem a ziemią, między przestrzenią Boską a ludzką, kładąc podwaliny pod nową duchowość, nowy sposób przeżywania wiary przez współczesnych.

W tej ludzkiej gromadzie była „tajemnica", przy której ksiądz Stanisław żył przez czterdzieści lat. Którą teraz, on jako świadek, a ja jako narrator, spróbujemy – jeśli nie odkryć, to przynajmniej opowiedzieć.

GIAN FRANCO SVIDERCOSCHI

CZĘŚĆ PIERWSZA

Okres polski

1

Pierwsze spotkanie

Wszystko zaczęło się pewnego październikowego dnia 1966 roku. Dla niego, Stanisława Dziwisza, ten dzień stał się początkiem nowego życia. Tego dnia metropolita krakowski poprosił, aby został jego osobistym sekretarzem. Arcybiskup Wojtyła był przekonany, że młody ksiądz będzie dobrym pomocnikiem. Takim, któremu oprócz kwestii organizacyjnych, jak umawianie spotkań, będzie można powierzać sprawy poufne, myśli. A może i to, co kryje się w sercu.

Spojrzał na mnie i powiedział: „Przyjdziesz do mnie. Będziesz mi pomagał".

Stanisław urodził się w 1939 roku w Rabie Wyżnej, miejscowości położonej u podnóża Tatr, rozległego pasma górskiego na terenie Polski. To wyjaśnia, dlaczego już jako dziecko nauczył się jeździć na nartach, stając się ekspertem od spraw śniegu i tras zjazdowych. Był piątym z siedmiorga dzieci: pięciu synów i dwóch córek.

Ojciec, po którym odziedziczył imię, pracował na kolei. Matka, Zofia, zajmowała się domem i wychowaniem potomstwa, ucząc je, jak żyć ewangeliczną miłością bliźniego. Dom rodziny Dziwiszów był otwarty dla wszystkich ubogich i potrzebujących. Wieczorami, na zdrożonych przybyszów czekał ciepły posiłek na stole i posłane łóżko.

Tymczasem wybuchła II wojna światowa. Od Zachodu napadli na Polskę Niemcy, od Wschodu zaatakowali Sowieci.

To były koszmarne lata, również dla nas. Trzeba było wyżywić wiele osób, a z trudem znajdowało się coś do zjedzenia. Poza tym moi rodzice ukrywali w domu pewnego Żyda, istniało więc zagrożenie, że odkryją go hitlerowcy. Gdyby do tego doszło, kto wie, co by się z nami wszystkimi stało.

Niedaleko od nas, w Rokicinach Podhalańskich, gestapo zaaresztowało siostrę Marię Klemensę Staszewską, przełożoną Urszulanek, która schroniła w klasztorze kilka żydowskich kobiet. Ta odważna zakonnica trafiła do Auschwitz.

Naszego Żyda znaliśmy wyłącznie z imienia, nazywał się Wilhelm, a my dzieci mówiliśmy – Wiluś. Pochodził z Wadowic. Uciekł przed nazistami i nikt nie mógł zrozumieć, jakim cudem trafił do naszego domu. Był sympatyczny. Pozostał z nami do końca wojny pomagając przy różnych drobnych pracach. Odchodząc, ze wzruszeniem pożegnał się ze wszystkimi, jednak ślad po nim zaginął.

Po wyzwoleniu Polska odetchnęła z ulgą, choć na horyzoncie gromadziły się gęste chmury. Przybyli ze Wschodu „wybawcy" zdawali się nie spieszyć do powrotu. A w domu państwa Dziwiszów doszło do tragedii. Straszliwej tragedii.

Ojciec mój, jak co rano, poszedł do pracy. Gdy przechodził przez tory, potrącił go pociąg. Miał zaledwie trzydzieści dziewięć lat. Kiedy przyszli powiadomić nas o wypadku, poczułem przejmujące zimno. Zdałem sobie sprawę, że już nigdy nie poczuję jego silnej dłoni na ramieniu. Matka była kobietą głębokiej wiary i dużej odwagi. Pomimo bólu, który przeszywał jej serce, otaczała nas miłością i zdołała wychować siedmioro dzieci, uzupełniając na różne sposoby skromniutką rentę.

Stanisław nie miał jeszcze dziewięciu lat, gdy zginął jego ojciec. Mimo to, zmuszony do przyspieszonego dojrzewania, także on odegrał w rodzinie istotną rolę. Po ukończeniu szkoły podstawowej rozpoczął naukę w liceum w Nowym Targu. W jego duszy kiełkowało już powołanie kapłańskie. Pragnął zostać księdzem, narzędziem w rękach Boga. Po maturze wstąpił do seminarium. Był to rok 1957. Wtedy po raz pierwszy zetknął się z księdzem Karolem Wojtyłą – profesorem teologii moralnej.

Od razu wywarł na mnie ogromne wrażenie, zwłaszcza swą wielką pobożnością, mądrością, wspaniałymi wykładami, ale także umiejętnością nawiązywania kontaktów. Z jednej strony wraz z kolegami odczuwaliśmy pewien dystans, wynikający z jego głębokiego życia wewnętrznego oraz niezwykle obszernego przygotowania intelektualnego, z drugiej zaś doświadczaliśmy ogromnej bliskości i wyjątkowej łatwości, z jaką otwierał się na ludzi, na relacje z drugim człowiekiem.

Rok, który poprzedzał wstąpienie Stanisława do seminarium, był dla Europy Wschodniej czasem wielkich przemian. W lutym 1956 r., na XX Zjeździe Komunistycznej Partii Związku Radzieckiego, Chruszczow obalił kult Stalina i potępił jego zastraszające zbrodnie. W Polsce, w Poznaniu, doszło w czerwcu do robotniczej rewolty. Do władzy doszedł Gomułka. Po trzydziestu siedmiu miesiącach odosobnienia Kardynał Wyszyński odzyskał wolność. Również inni biskupi zostali uwolnieni.

I choć w październiku i listopadzie sowieckie czołgi krwawo stłumiły rewolucję na Węgrzech, w Polsce, także w Kościele, zwiększyła się przestrzeń wolności. W grudniu 1956 roku ksiądz Wojtyła objął katedrę etyki na Katolickim Uniwersytecie Lubelskim, gdzie nauczał już wcześniej. Nadal prowadził też zajęcia w krakowskim seminarium duchownym.

Pamiętam, jak na trzecim roku wykładał nam *principia*, zagadnienia wstępne, podstawy filozoficzne wprowadzające do teologii moralnej. Wykłady te sprawiały nam pewne trudności, chociaż on przygotowywał je bardzo precyzyjnie, rzekłbym wręcz perfekcyjnie. To na tamtych zajęciach poznaliśmy podstawy filozofii, które w późniejszym okresie pozwoliły nam prowadzić pogłębione studia. Księdza Wojtyłę coraz bardziej pochłaniały różne liczne obowiązki. W wieku zaledwie trzydziestu ośmiu lat mianowano go biskupem pomocniczym Krakowa. Misję tę wypełniał z wielkim oddaniem. Kiedy byliśmy na szóstym roku, przestał wykładać, z powodu nadmiaru pracy musiał zrezygnować z prowadzenia z nami zajęć. Po śmierci arcybiskupa Eugeniusza Baziaka biskup Karol Wojtyła, jako wikariusz kapitulny, przejął odpowiedzialność za całą diecezję.

Nadeszła wielka chwila. 23 czerwca 1963 roku Stanisław otrzymał święcenia kapłańskie z rąk swojego dawnego profesora teologii moralnej. Został księdzem. Wkrótce potem został wikariuszem w parafii w Makowie Podhalańskim, jednej z najlepszych w diecezji, nowoczesnej, dobrze zorganizowanej, z rozwiniętą siecią duszpasterstwa chorych, dzieci i rodzin.

Pragnę podzielić się tym doświadczeniem, gdyż jest ono naprawdę niezapomniane. Proboszczem był Franciszek Dźwigoński, wspaniały człowiek. Rozległą wspólnotę parafialną podzielił na małe sektory, do których mianował osoby, mające za zadanie utrzymywanie kontaktu z proboszczem, aby zdawały mu relację ze wszystkiego, co się działo, informując o chorych, o tych, którzy przeżywali trudności, o bezrobotnych, o dzieciach pozbawionych opieki itd. Czy młodemu księdzu mogła przypaść w udziale lepsza praktyka?

Po upływie dwóch lat ksiądz Dziwisz opuścił parafię, wezwany do kontynuowania nauki. Z rektorem seminarium rozważał kie-

runek studiów. Kiedy zastanawiał się nad wyborem pomiędzy patrologią a Pismem Świętym, okazało się, że potrzebny jest liturgista. I tak rozpoczął pracę naukową: przygotowanie do licencjatu, a następnie do doktoratu poświęconego zagadnieniu kultu świętego Stanisława na terenie diecezji krakowskiej do czasów Soboru Trydenckiego. 12 miesięcy później, niespodziewanie, biskup Wojtyła wezwał go do kurii metropolitalnej.

Był 8 października 1966 roku. Ten dzień zasadniczo odmienił jego życie. Stanisław Dziwisz miał wtedy dwadzieścia siedem lat.

Kiedy przyszedłem, arcybiskup spojrzał na mnie uważnie i powiedział: „Przeniesiesz się tutaj – będziesz mógł kontynuować studia i będziesz mi pomagał". Zapytałem: „Kiedy?". Odpowiedział: „Nawet dzisiaj". Odwrócił się do okna i widząc, że zapada wieczór, polecił: „Pójdź do kanclerza, to pokaże ci mieszkanie". Odparłem: „Przyjdę jutro". Byłem przejęty. Kiedy wychodziłem, patrzył na mnie z uśmiechem.

2

Nowe twarze

Do tego czasu Stanisław znał Karola Wojtyłę wyłącznie jako profesora, biskupa – na dystans, powierzchownie. Wiedział co nieco o jego życiu osobistym, o przebytej drodze kapłańskiej. Nic ponadto. Gdy został jego sekretarzem i przebywał przy nim w obszernym pałacu przy ulicy Franciszkańskiej, miał możliwość poznania jego samego lepiej, jego zamierzenia duszpasterskie, jego wizję Kościoła. Przede wszystkim zaś głębokie życie duchowe, począwszy od sposobu, w jaki odprawiał Mszę świętą.

Mszę świętą zawsze poprzedzał chwilą ciszy, *silentium*. Kiedy jechaliśmy samochodem do parafii z wizytą duszpasterską lub na Mszę świętą do jakiegoś kościoła, wówczas nie rozmawiał, nie tracił czasu na pogawędki. Był zawsze skupiony, pogrążony w rozmyślaniach i modlitwie. Przed przystąpieniem do sprawowania Najświętszej Ofiary duchowo się do niej przygotowywał, a po liturgii, klęcząc w wielkim skupieniu, poświęcał piętnaście minut na dziękczynienie.

Podczas Mszy świętej zwracał uwagę sposób, w jaki wypowiadał poszczególne słowa i wykonywał gesty, pragnąc, by ich przesłanie i symbolika były dobrze zrozumiane. Obecni na Eucharystii odczuwali, że uczestniczą w misterium.

Odprawiając Najświętszą Ofiarę, chciał być we wspólnocie z innymi. Zarówno w prywatnej kaplicy, jak i poza domem, w parafii lub w katedrze zapraszał do współuczestnictwa inne osoby. Pragnął pozostać wierny zasadzie mówiącej, że Msza święta nie powinna być odprawiana przez samego kapłana, lecz przy udziale ludu Bożego, który w niej uczestniczy: przez Chrystusa i z Chrystusem.

Już wtedy, obserwując jego sposób sprawowania Mszy świętej widać było, że Karol Wojtyła, wzorując się na wielkim świętym Janie Marii Vianney, proboszczu z Ars, nie miał w sobie nic z księdza „starej daty". Kapłaństwo nie było dla niego jedynie przynależnością do określonej grupy społecznej, do pewnej kasty, ale obecnością pośród ludu Bożego, w bezpośrednim kontakcie z wiernymi. Kapłan w jego przekonaniu był przede wszystkim szafarzem Bożych tajemnic, dlatego też Msza święta stała się centralnym punktem jego życia każdego dnia.

Miejscem szczególnego spotkania z Bogiem była jego prywatna kaplica. Przebywał w niej możliwie jak najdłużej. Każdego poranka, jeśli tylko był w domu, pozostawał w kaplicy do jedenastej. Tam rozmawiał z Bogiem, słuchał, co mówi mu Pan. Niekiedy, z ciekawości, nasze siostry zerkały do kaplicy i widywały go leżącego krzyżem, pogrążonego w modlitwie. Zwykł tam także pracować, gdy przygotowywał teksty dokumentów, na przykład dotyczących Synodu Krakowskiego, czy listy duszpasterskie. Interesujący był sposób, w jaki oznaczał poszczególne strony. W miejsce cyfr wpisywał wersety modlitw, co pokazuje, że praca była dla niego również czasem żarliwej modlitwy.

Dużą wagę przywiązywał do spowiedzi. Była ona dla niego nie tylko wyznaniem grzechów, ale przede wszystkim doznaniem przebaczenia i odpuszczeniem ich przez Boga, a zatem łaską dającą siły do prowadzenia uczciwego, prawego życia. On sam spowiadał się co tydzień, a także przed większymi uroczystościami i ważnymi okresami liturgicznymi. Nawet jako biskup stawał wraz z innymi penitentami w kolejce do spowiednika w kościele Franciszkanów.

Modlitwa i spowiedź stanowiły duchową podstawę, na której ksiądz Karol, będąc wikariuszem parafii świętego Floriana, oparł pracę duszpasterską ze studentami, co w tamtych czasach było pionierskim przedsięwzięciem. Utrzymywał jednocześnie kontakty ze studentami i profesorami przekonany już wtedy, w połowie lat pięćdziesiątych, w okresie panującego komunizmu, że przyszłość Polski zależy od wykształcenia i formacji środowisk uniwersyteckich.

Przy parafii świętego Floriana ksiądz Karol zgromadził studentów i stał się ich przewodnikiem duchowym. Uczył ich przede wszystkim, jak należy się modlić. Zachęcał do uczestnictwa w sakramentach, szczególnie we Mszy świętej. Kształcił ich w zakresie antropologii teologicznej i filozoficznej oraz wskazywał, jak żyć we wspólnocie, w poszanowaniu innych. Chodził z nimi na wycieczki w góry, uczestniczył w spływach kajakowych. To było jego słynne „apostolstwo wycieczkowe". Działalność taka była zakazana, więc aby nie dać się rozpoznać Służbie Bezpieczeństwa, ubierał się wtedy po świecku, a młodzi zwali go „Wujkiem". Tak stworzył grupę osób zjednoczonych przede wszystkim słowem Bożym, ale także sposobem myślenia, troską o Ojczyznę, pragnieniem wspólnego wzrastania.

Karol Wojtyła kontynuował ten apostolat również jako arcybiskup i kardynał. W ciągu roku spotykał się z tym środowiskiem na dniach skupienia, dyskusjach, modlitwie. Dołączał do nich podczas pielgrzymek do znanych sanktuariów, do Kalwarii Zebrzydowskiej lub do Częstochowy, dokąd podążał, aby posłuchać – jak mawiał – serca Matki. Towarzyszył im na poszczególnych etapach życia, błogosławiąc małżeństwa, chrzcząc ich dzieci, łą-

cząc przyjaźń z autentyczną troską duszpasterską. Pozostając przyjacielem, był jednak nade wszystko ojcem, przewodnikiem duchowym i pasterzem.

Środowisko to zrodziło osoby, które pozostając wierne wskazówkom i drodze wytyczonej przez Karola Wojtyłę, później odegrały ważną rolę społeczną, kulturalną i gospodarczą, między innymi jako profesorowie uniwersyteccy, nauczyciele, lekarze i inżynierowie. Dziś rośnie już trzecie pokolenie dojrzałych obywateli, ludzi Kościoła, ożywionych tym samym duchem miłości Boga i bliźniego.

Ze „Środowiska" wyszli także ludzie święci, jak Jerzy Ciesielski. Jerzy był inżynierem, wykładowcą na krakowskiej Politechnice. Zgodził się wyjechać do pracy na uniwersytecie w Chartumie, w Afryce. Zginął wraz z dwojgiem swoich dzieci i pasażerami statku, który zatonął na rzece Nil. Ocalała tylko jedna jego córka i jej przyjaciółka. To była ogromna strata. Był człowiekiem młodym, uczciwym, sumiennym w pracy, głęboko wierzącym. Jego życie pozostaje wzorem dla innych, a dokumenty dotyczące procesu beatyfikacyjnego znajdują się obecnie w Kongregacji Spraw Kanonizacyjnych.

Jerzy był jednym z najbliższych przyjaciół Karola Wojtyły. Kiedy zmarł, arcybiskup napisał, iż wiara była „miarą jego codziennych obowiązków".

Takich świeckich, jak Ciesielski, arcybiskup Wojtyła angażował do największych przedsięwzięć w diecezji. Wielokrotnie dawał pełnomocnictwo i powierzał dużą odpowiedzialność osobom wyznaczonym do pełnienia określonej funkcji czy zadania. Choć ksiądz kardynał w rzeczywistości wszystkiego osobiście doglądał, udzielał wskazówek, wytyczał nowe kierunki działalności ewangelizacyjnej. Dzięki temu utrzymywał osobisty kontakt z ludźmi. Widoczne to było szczególnie podczas wizyt duszpasterskich w parafiach. Dla niego nie miały one charakteru wizytacji w sen-

sie administracyjnym, oficjalnej kontroli, ale były włączeniem się biskupa-pasterza w życie wspólnoty parafialnej.

Jako ordynariusz starał się przebywać w parafiach jak najdłużej. Czasami wizytacje trwały kilka tygodni. Brał udział w uroczystościach liturgicznych i w zajęciach proboszczów. Odwiedzał chorych w domach. To z jego inicjatywy powstało w diecezji duszpasterstwo chorych. Spotykał się z rodzinami wielodzietnymi i rodzinami, z których wywodzą się kapłani. Zapraszał na Mszę świętą małżonków dla odnowienia przysięgi małżeńskiej. Pragnął zatrzymać się przy każdej rodzinie, aby przyjrzeć się jej z bliska i wspólnie z nią się pomodlić. Wielką uwagę poświęcał młodzieży. Nie mógł odwiedzać jej w szkołach, gdyż nie pozwalały na to władze, dlatego w kościele spotykał się z dziećmi i młodzieżą uczęszczającą na lekcje religii oraz z nauczycielami. Brali w tym udział ci, którzy mieli odwagę.

W tamtym czasie Polska wciąż jeszcze była krajem zniewolonym. Publiczne wymawianie imienia Bożego było niedozwolone. Zakazane.

3

Soborowy przewrót

Kiedy 11 października 1962 roku rozpoczął się Sobór, Karol Wojtyła zajmował jedno z ostatnich miejsc w auli. Kilka miesięcy wcześniej został wybrany wikariuszem kapitulnym i tymczasowym administratorem archidiecezji krakowskiej. Pozostawał też biskupem pomocniczym. Właśnie dlatego znalazł się w głębi, w pobliżu wejścia do Bazyliki świętego Piotra, ale stamtąd też dobrze było widać i słychać. Poza tym, na pierwszej sesji pragnął przede wszystkim słuchać i uczyć się.

Od samego początku młody biskup nie krył swego entuzjazmu dla inicjatywy Jana XXIII. Nie bał się nowości.

Karol Wojtyła przekonany był o konieczności innego spojrzenia na zagadnienia zwłaszcza ekumenizmu, odnowy liturgii, a także aktywniejszego uczestnictwa laikatu w życiu Kościoła. Do tej ostatniej kwestii przywiązywał ogromne znaczenie, na jego wychowanie w wierze katolickiej szczególny wpływ miały bowiem dwie osoby świeckie, ojciec oraz katecheta – Jan Tyranowski. Uważał, że rola kapłana wobec świeckich jest służebna i że to świeccy wraz z kapłanami tworzą Kościół Chrystusowy.

Począwszy od 11 października 1962 roku Sobór zdawał się być nieprzerwaną lekcją pogłębiania wiary i konfrontacji problemów duszpasterskich. Biskup Wojtyła pragnął, aby cała diecezja żyła duchem prac soborowych, dlatego utrzymywał kontakt z kapłanami i seminarzystami. Próbował wzbudzić zainteresowanie środowisk ludzi kultury i nauki. Informował o poruszanych kwestiach oraz o treści dokumentów. Dzięki temu w Krakowie żyliśmy tym, co działo się w Rzymie.

Jednocześnie Sobór był dla niego okazją do nieustannej wymiany doświadczeń duszpasterskich i społecznych, poznawania nowych kierunków myśli teologicznej, spotykania wybitnych naukowców i ekspertów, jak znany jezuita Henri de Lubac (który bardzo pozytywnie wypowiedział się na temat kultury i intelektu biskupa pomocniczego z Krakowa), intelektualistów z kręgu kultury niemieckojęzycznej, jak ksiądz Joseph Ratzinger i Hans Küng, Francuzów, jak Yves Congar, Jean Daniélou, Marie-Dominique Chenu, Antoine Wenger. Poznawał znakomite osobistości w gronie biskupów, jak Amerykanin John Król, Francuz Gabriel-Marie Garrone, Niemcy Joachim Meissner, Joseph Höffner i Alfred Bengsch.

Szczególnie godna odnotowania jest jego przyjaźń z kardynałem Franzem Königiem, metropolitą Wiednia, który w dużym stopniu przyczynił się do otwarcia granic Polski. Był jednym z pierwszych purpuratów, którzy pomimopanowania reżimu komunistycznego przybyli do Polski w celu nawiązania kontaktów. To był bardzo istotny gest, gdyż w okresie stalinizmu wszelkie kontakty ze Stolicą Apostolską traktowano jak szpiegostwo. Osoby, które takie kontakty utrzymywały, uważano za szpiegów, wrogów państwa polskiego i systemu komunistycznego.

Nocą 13 sierpnia 1961 roku zbudowano Mur dla powstrzymania nieustannej migracji Niemców ze wschodniej części kraju na Zachód. Był to początek nowego etapu zimnej wojny. Moskwa wezwała kraje satelickie do zaprowadzenia porządku. Wtedy w katolickiej Polsce wznowiono ateistyczną kampanię. W wyniku tego wielu biskupów nie otrzymało paszportu na wyjazd do Rzymu, aby móc wziąć udział w Soborze. Mógł udać się tam tylko prymas, kardynał Stefan Wyszyński, oraz młody krakowski biskup pomocniczy. Wraz z kilkoma innymi biskupami wzięli oni udział we wszystkich czterech sesjach soborowych.

Wkład polskiego episkopatu okazał się istotny dla poznania przez Ojców Soboru sytuacji Kościoła żyjącego w okowach komunizmu. Kościoła, który pomimo prześladowania i brutalnego ateizmu pozostawał żywy i dynamiczny, z pełnymi seminariami, nowymi formami działalności duszpasterskiej i coraz większą liczbą świeckich gotowych dawać świadectwo swej wierze. W Polsce Kościół był oparciem dla ludzi uciśnionych, pozbawionych wolności słowa. W sytuacji, w której prawa osoby ludzkiej były znacznie ograniczone, stanowił on jedyną przestrzeń wolności. Tylko w Kościele naród mógł czuć się prawdziwie wolny. Tylko tam miała szansę rozwinąć się kultura niezależna, kultura chrześcijańska.

Na otwarciu trzeciej sesji Soboru Karol Wojtyła, mianowany tymczasem arcybiskupem, zajął miejsce bliżej ołtarza. Wiązało się z tym przejście od słuchania do tworzenia, to znaczy do aktywnego uczestnictwa w obradach i częstszego zabierania głosu. Dotyczyło to między innymi treści konstytucji duszpasterskiej Gaudium et spes, *jednej z największych soborowych nowości. Nigdy wcześniej nie zdarzyło się, aby Kościół tak mocno i wyraźnie zamanifestował swe zaangażowanie w problemy ludzi, w losy ludzkości i nie traktował* a priori *świata jak wroga, przeciwnika, którego należy zwalczać.*

Szczególnie w tej kwestii arcybiskup Wojtyła przewidział nadejście nowych czasów dla Kościoła, zarówno polskiego jak i powszechnego. Był biskupem, który nie lękał się świata i umocniony ewangelicznym przesłaniem odważnie wychodził mu naprzeciw. Potrafił wyłowić istotne wartości współczesnej cywilizacji. Uważał, że poprzez odpowiednie ukierunkowanie i uświęcenie, uda się je przyjąć i zaakceptować. I nie tylko: jego zdaniem należy z nich również czerpać.

Pozostawała jeszcze istotna kwestia wolności religijnej. Karol Wojtyła, poprzez fakt, że pochodził z kraju, w którym stale zmagał się ze zniewalającym reżimem totalitarnym, znacząco przyczynił się tu do rozwoju dyskusji. Jego zaangażowanie dotyczyło zarówno przezwyciężania negatywnego pojęcia wolności, ograniczającego ją wyłącznie do tolerancji, jak również do poparcia wolności wyznania, gdyż stanowi ona najpełniejszy wyraz godności człowieka, jest prawem, które nie może być lekceważone ani tym bardziej negowane przez jakiekolwiek władze.

Zasadniczą nowością, którą arcybiskup Wojtyła wniósł w soborowe obrady, było podkreślenie centralnego miejsca osoby ludzkiej w wizji głęboko chrystocentrycznej oraz otwarcie się poprzez Ewangelię na świat. Otwarcie się w obronie praw człowieka, szczególnie zaś prawa do wolności sumienia i wyznania. Jego późniejszy Pontyfikat stanie się syntezą doświadczeń wyniesionych z Polski oraz tych, które dojrzały w nim podczas Soboru Watykańskiego II. Potwierdziło się tym samym, że życie w systemie komunistycznym pogłębiło jego wizję Kościoła, otwarcie na ekumenizm i zagadnienia społeczne. Doświadczenia te przygotowały go również do pełnienia misji w Kościele powszechnym, a także do roli wiarygodnego partnera w dialogu z innymi Wspólnotami i ze współczesnym światem.

Z jednej strony arcybiskup Wojtyła umiejętnie wzbudzał zainteresowanie i dobry klimat wokół Kościołów Europy Środkowo-Wschodniej, które, pomimo panujących tam warunków, pozostały wewnętrznie wolne i wierne Ewangelii, z drugiej zaś pokazał, w jaki sposób Kościół, szczególnie w Polsce, przygotował się do pokonania nie tylko trudności wynikających z opresji komunizmu, lecz także moralnych problemów docierających z Zachodu, z tzw. liberalnego świata.

Dla Karola Wojtyły Sobór Watykański II był momentem prawdziwie przełomowym. Mawiał, że jest „dłużnikiem Soboru". Wyniósł z niego ogromny bagaż doświadczeń i nowych poglądów, na podstawie których, jak wspomina również w książce U źródeł odnowy. Szkic o zastosowaniu Soboru Watykańskiego Drugiego, *interpretował na nowo swoją posługę biskupią i uformował życie wspólnoty kościoła krakowskiego, między innymi poprzez powołanie synodu diecezjalnego.*

Arcybiskup Wojtyła udowodnił, że nie lęka się Soboru. Wręcz przeciwnie, z zaciekawieniem oczekiwał, jakie owoce przyniesie on wspólnocie wierzących. Starał się przeszczepić naukę soborową na grunt polski i duszpasterski, naturalnie z dużą rozwagą, ale bez uprzedzeń, a przede wszystkim z wielką nadzieją i radością. Okres wprowadzania w życie myśli Soboru był czasem szczęśliwym, zarówno dla arcybiskupa Krakowa, jak i dla archidiecezji oraz całego Kościoła w Polsce.

4
Kryzys Tysiąclecia

Sobór Watykański II był dla polskich biskupów inspiracją. Po raz pierwszy Kościół publicznie przyznał się do win, które chrześcijanie popełnili na przestrzeni wieków wobec prawdy o Bogu i człowieku. To konstytucja soborowa Gaudium et spes *dała początek procesowi rachunku sumienia i skruchy, nazwanemu w późniejszym okresie „oczyszczeniem pamięci".*

Tak zrodził się pomysł skierowania do biskupów niemieckich listu, który miał ułatwić pojednanie dwóch narodów: wyciągamy do was ręce przebaczając i prosząc o przebaczenie. Bez przemilczania przeszłości, hitlerowskich obozów koncentracyjnych i krematoriów, sporu o zachodnią granicę Polski, cierpienia tysięcy uchodźców i wywłaszczonych Niemców. Pomysł, zasugerowany przez biskupa Bolesława Kominka, w jednej chwili został przyjęty przez Prymasa i poparty przez innych członków episkopatu, zwłaszcza przez Karola Wojtyłę, który był jednym z jego realizatorów.

Wzajemne przebaczenie było gestem o głębokim wymiarze ludzkim i chrześcijańskim, a także przedsięwzięciem dalekowzrocznym, jeśli się weźmie pod uwagę odpowiedź episkopatu niemieckiego i to, że kilka lat później Polska i federalne Niemcy podpisały porozumienie o granicy na Odrze i Nysie. Ta wymiana listów, ze względu na jej ogromną wagę, stała się dla obydwu państw dokumentem zasadniczym nie tylko na płaszczyźnie religijnej, ale przede wszystkim narodowej.

W tym czasie w imperium sowieckim, po usunięciu Chruszczowa, nowe władze Kremla, szczególnie Breżniew, narzuciły surowe reguły gry: na zewnątrz obowiązywała zasada „pokojowego współistnienia" i atmosfera pozornego odprężenia, a w rzeczywistości tłumiono wszelkie formy sprzeciwu. Moskwa nie mogła przecież zgodzić się na to, by poza nią rozważano kwestię granicy polsko-niemieckiej, którą uznawała za swoją prerogatywę.

Władze polskie, posłuszne nakazom, błyskawicznie zaatakowały episkopat, oskarżając go o „mieszanie się w sprawy polityki zagranicznej" i o „rozgrzeszenie nazistowskich zbrodniarzy". Prasa, prowadząca intensywną propagandę, początkowo zdołała przekonać wielu katolików i przeciwników komunizmu.

Najmocniejszym argumentem w tej nagonce było oskarżenie o brak patriotyzmu, choć było ono absolutnie nieprawdziwe. Władze umiejętnie wykorzystały negatywny stosunek do Niemców, wciąż głęboko zakorzeniony u Polaków na skutek II wojny światowej. Arcybiskup Wojtyła poczuł się w obowiązku zareagować na tę manipulację. W homilii w czasie uroczystości Bożego Ciała w Krakowie wypowiedział znamienne słowa w obronie episkopatu, jasno skierowane do władz komunistycznych: „Nie oni będą nam nakazywać robienie rachunku sumienia i nie oni będą nas uczyć patriotyzmu".

Ataki jednak nie ucichły. W sejmie zapanowała atmosfera antyklerykalna. Zorganizowano pod oknami kardynała Wyszyńskiego i arcybiskupa Wojtyły bojówki i protesty z hasłami nazywającymi biskupów wrogami państwa.

Przeciw metropolicie krakowskiemu wystąpili, podburzani przez działaczy partyjnych, robotnicy fabryki Solvay, w której młody Karol pracował w czasach okupacji hitlerowskiej. Na łamach prasy ukazał się, zanim trafił do rąk arcybiskupa, haniebny list podpisany przez pracowników zakładów chemicznych. Metropolita zareagował natychmiast zdecydowanie, określając się jako człowiek, który został oskarżony i publicznie oszkalowany, zanim oskarżyciele zdążyli uczciwie poznać główne fakty i motywy.

Jego odpowiedzi nie uwzględniła żadna z liczących się gazet, opublikował ją jedynie lokalny dziennik.

To był niezwykle trudny czas. Prymas zareagował błyskawicznie i roztropnie. W pamięci Polaków utkwiła scena z uroczystości na Jasnej Górze. W obecności niezliczonej rzeszy wiernych kardynał Wyszyński poprosił o przeczytanie najbardziej kontrowersyjnego fragmentu listu skierowanego do biskupów niemieckich, a następnie po modlitwie *Ojcze Nasz* podniósł głos: „My, wszyscy biskupi polscy, wraz z ludem Bożym, przebaczamy!". Odpowiedział mu gromki, mocny niczym huk pioruna, okrzyk tłumu: „Przebaczamy!".

Na rok 1966 zaplanowane były, poprzedzone Wielką Nowenną, obchody rocznicy Chrztu Polski i powstania państwa polskiego. Wydarzenie, które miało być okazją do wielkiego święta religijnego i patriotycznego, doprowadziło do dramatycznego zaostrzenia w stosunkach między Kościołem a władzami państwowymi. Rząd w Warszawie, rozwścieczony listem do biskupów niemieckich, postanowił zbojkotować wszelkie uroczystości religijne Tysiąclecia, podkreślając jedynie świecki wymiar obchodów rocznicy powstania państwa.

Zaczęło się od odebrania paszportu kardynałowi Wyszyńskiemu, następnie uniemożliwiono wizytę papieża Pawła VI w Częstochowie, zamknięto granice w kulminacyjnym momencie uroczystości milenijnych. W czasie gdy obraz Matki Boskiej Jasnogórskiej (kopia oryginału poświęcona przez papieża Piu-

sa XII) pielgrzymował drogami Polski od miasta do miasta, od wsi do wsi – Służba Bezpieczeństwa, chcąc ograniczyć uczestnictwo wiernych, bez przerwy stwarzała problemy, zmuszając do zmiany zaplanowanego wcześniej szlaku pielgrzymki, nakazując, aby obraz powrócił do Częstochowy. W końcu obraz został uwięziony na kilka lat, a pielgrzymowała symbolicznie pusta rama.

Obchody Millennium rozpoczęły się w Gnieźnie 14 kwietnia na pamiątkę chrztu świętego, przyjętego przed tysiącem lat przez Mieszka I. Tego samego dnia władze zorganizowały demonstrację. Pierwszy sekretarz KC PZPR Gomułka wygłosił przemówienie na głównym placu Gniezna dokładnie w chwili, gdy Prymas przemawiał do wiernych zebranych wokół katedry. Ludzie, zmuszeni do udziału w uroczystości państwowej, zaraz po jej zakończeniu biegiem udali się pod katedrę, żeby posłuchać kardynała Wyszyńskiego. Rozumiejąc złożoność sytuacji wierni pragnęli zamanifestować swą przynależność do Kościoła, jedynej siły, która strzegła wolności.

Należy podkreślić, że działalność Kościoła nie była prowadzona w opozycji do reżimu komunistycznego. Kościół unikał konfrontacji z władzami państwowymi. Wypełniał swe posłannictwo w ramach możliwości, jakie dawała mu działalność duszpasterska. Bronił tego posłannictwa, pragnął je zachować.

Pomimo przeszkód, zakazów i propagandy, obchody religijne wywołały wszędzie ogromny entuzjazm, któremu towarzyszyło wielkie ożywienie pobożności i masowy powrót do sakramentów. Także w Krakowie, 7 maja, w przededniu uroczystych obchodów święta Tysiąclecia, została zorganizowana alternatywna „świecka" manifestacja, odwołująca się do bezspornie nośnego wydarzenia: dwudziestejpierwszej rocznicy zakończenia II wojny światowej. Spodziewano się, że następnego dnia na Mszę świętą przyjdzie mało ludzi. A jednak...

Przez całą noc wiele tysięcy osób gromadziło się na wzgórzu wawelskim oraz w katedrze, gdzie wystawiony był obraz Matki Bożej. Było to niezapomniane przeżycie! Arcybiskup w swoich wystąpieniach bronił wolności religijnej, protestując przeciw wszelkim ograniczeniom działalności Kościoła, przeciwko ingerencji w obchody liturgiczne. Mówił z wielką odwagą i stanowczością w sposób niezwykle precyzyjny. Nie prowokował, ale ukazywał bezprawie, którego dopuszczała się komunistyczna władza. Stawał w obronie człowieka, w obronie praw osoby ludzkiej i prawa do wolności zarówno Kościoła, jak i narodu.

26 sierpnia w Częstochowie została odprawiona Msza święta na zakończenie obchodów Millennium. Nie było Papieża, któremu zabroniono przybyć do Polski, był natomiast jego portret ozdobiony girlandą biało-czerwonych róż. W ceremonii wzięły udział tłumy – ponad milion osób. Tamtego dnia nikt nie miał wątpliwości, kto wygrał ten ciężki bój – Kościół czy partia.

5

Stefan Wyszyński i Karol Wojtyła

Karol Wojtyła podczas wszystkich uroczystości milenijnych stał zawsze u boku kardynała Wyszyńskiego. Trwał przy nim, choć na drugim planie: baczny, troskliwy, przyznający Prymasowi pierwszeństwo. Był to wymowny znak głębokiego szacunku, jakim metropolita krakowski darzył Prymasa i dowód, że nie istniał między nimi żaden spór, żaden podział.

Władze pragnęły zasiać niezgodę pomiędzy tymi dwoma przedstawicielami polskiej hierarchii kościelnej, przeciwstawić ich sobie. Tym bardziej arcybiskup Wojtyła nie tylko pozostał absolutnie wierny Prymasowi, ale dokładał wszelkich starań, aby jasno i wyraźnie ukazać jedność w podążaniu tą samą drogą. Odwiedzał go w czasie wakacji, otwarcie wspierał w trudnych momentach, często się spotykali...

Nie dostrzegały tego jedynie władze państwowe. A może, przekonane, że było wręcz odwrotnie, nie przyjmowały tego do wiadomości. Nie chciały tracić żywionej od dawna „nadziei", że pewnego dnia następcą kardynała Wyszyńskiego, uznawanego z powodu nieustępliwej walki z komunizmem za najgroźniejszego wroga, zostanie arcybiskup Wojtyła, którego uważali za bardziej uległego i otwartego na dialog, oświeconego zwolennika postępu.

Dowodem takich spekulacji był wybór Karola Wojtyły na arcybiskupa Krakowa. Wpływowy przedstawiciel partii komuni-

stycznej, Zenon Kliszko, publicznie przypisywał sobie zasługę wysunięcia jego kandydatury po tym, jak zostały odrzucone dwie inne listy osób proponowanych przez kardynała Wyszyńskiego, na których nie figurowało nazwisko Wojtyły. Można przypuszczać, że takie działanie Prymasa było celowe, aby nie zaprzepaścić szans osoby uważanej przez niego za najodpowiedniejszą na to stanowisko.

Ten pomysł przeciwstawienia sobie dwóch najwybitniejszych przedstawicieli Kościoła polskiego powrócił po obchodach Millennium, w roku 1967, w momencie mianowania Karola Wojtyły kardynałem.

Arcybiskup przebywał z wizytą duszpasterską w Brzeziu, gdy prasa i radio podały tę informację. W poniedziałek, po powrocie do Krakowa, powiedział: „Nic o tym nie wiem", potem zabrał się za przeglądanie korespondencji nadesłanej ze Stolicy Apostolskiej i pośród różnych listów znalazł ten, który od trzech dni czekał na niego z nowiną o decyzji Ojca Świętego.

Kiedy arcybiskup Wojtyła został mianowany kardynałem, L'Unità, *dziennik Włoskiej Partii Komunistycznej, napisał w korespondencji z Warszawy, że przyznanie owego tytułu mogło „oznaczać początek rozpadu, a co najmniej przewartościowanie dominacji kardynała Wyszyńskiego w Kościele w Polsce".*

Potwierdziły to również tajne służby, które w poufnym raporcie przedstawiły szczegółową strategię mającą na celu wprowadzenie podziału między dwoma hierarchami: „Musimy nadal przy każdej okazji podkreślać nasz wrogi stosunek do Wyszyńskiego, ale nie na tyle, żeby Wojtyła mógł się z nim otwarcie solidaryzować".

Była to typowa taktyka komunistów: próbować na wszelkie sposoby i na wszystkich szczeblach złamać jedność w Kościele. Usiłowano rozbić ją już na poziomie diecezji, izolując kapłanów od biskupa. Nie udało się. Jedynie niewielu księży uległo, z różnych powodów, stając po stronie tzw. księży patriotów. Były to jednak naprawdę sporadyczne przypadki. Teraz system ponownie próbował swoich metod, starając się tym razem rozbić jedność na szczytach hierarchii Kościoła.

Była to próba skazana na klęskę, gdyż opierała się na kompletnie błędnych założeniach. Nigdy nie doszło do takiej sytuacji ani nie było takiego powodu, aby się poróżnili. Podział ról i kompetencji pomiędzy dwoma kardynałami umożliwiał doskonałą współpracę w działalności duszpasterskiej. Podczas gdy prymas wskazywał kierunek i profil działania, kardynał Wojtyła zajmował się jego podstawą teoretyczną. Pierwszy z nich poświęcał się całkowicie Kościołowi i sytuacji społecznej i politycznej w Polsce, drugi zaś, młodszy i lepiej przygotowany językowo, odwiedzał Polonię za granicą.

Najdobitniejszym dowodem doskonałych relacji był szacunek i absolutna lojalność wobec prymasa, nieustannie podkreślane przez metropolitę krakowskiego. Kiedy kardynałowi Wyszyńskiemu odmówiono paszportu do Rzymu na Synod Biskupów, arcybiskup Wojtyła, w imię solidarności z Prymasem, też zrezygnował z wyjazdu. Ta decyzja zniweczyła plany komunistycznych przywódców.

Po klęsce tego planu, błyskawicznie podjęto inne działanie, diametralnie różne. Zaryzykowano zmianę kierunku. Od tej chwili zaczęto określać kardynała Wyszyńskiego mianem patrioty, świetnie rozumiejącego sytuację Polski, natomiast o kardynale Wojtyle mówiono, że jest internacjonalistą, który nie potrafi zrozumieć położenia swego kraju, że nie jest patriotą, lecz wrogiem systemu komunistycznego, występującym przeciw dobru państwa. To na niego skierowali teraz swój atak.

Kardynał Wojtyła oczywiście nie zareagował na te intrygi. Nigdy nie pragnął konfrontacji, a tym bardziej otwartej walki. Szukał natomiast rzeczowego dialogu, opartego na dobrze znanych argumentach: wolności Kościoła w głoszeniu Ewangelii, prowadzeniu działalności apostolskiej, wolności człowieka w wymiarze indywidualnym i społecznym, duchowym i materialnym. To wolność człowieka była przedmiotem nienawiści komunistów. Nienawiści, której ofiarą stawał się każdy, kto tej wolności bronił.

W Polsce dochodziło cyklicznie do protestów. W 1956 roku w Poznaniu bohaterami byli robotnicy, w 1968 studenci i intelektualiści, w 1970 nad Bałtykiem ponownie zamanifestowali ludzie pracy. Kardynał Wyszyński określał te ruchy mianem „małych rewolucji". „Rewolucji", gdyż obnażały one stopniowy rozpad ideologii marksistowskiej oraz polskiej wersji „realnego socjalizmu". „Małych", ponieważ z wyjątkiem zmian na szczytach władz partyjnych, nie pociągały za sobą żadnej przemiany społecznej ani gospodarczej. Wręcz przeciwnie, dochodziło do zaostrzenia systemowych środków represji.

Stale przybywało ludzi, którzy, pozbawieni wolności, w kardynale Wojtyle upatrywali ratunku. Był jedynym, który mógł się nimi zaopiekować i który mógł ich obronić.

Metropolita krakowski stał się punktem odniesienia dla wielu grup społecznych: popierał żądania robotników, chronił młodych, intelektualistów, profesorów, którym zakazywano chodzenia do kościoła. Bronił świata nauki, wciąż ograniczanego cenzurą, a także opozycjonistów i prześladowanych. Działał, jak zawsze, nie poprzez politykę, ale w imię Ewangelii, w imię obrony godności osoby ludzkiej.

Występowała też kwestia Żydów, nielicznych Żydów, którzy mieszkali w Polsce. Po buncie studentów w 1968 roku zostali oni oskarżeni o zorganizowanie spisku. Haniebne oskarżenie, bo tak naprawdę było ono jedynie pretekstem, aby ukryć atak skierowany na rewizjonistów i rozpalić w ludziach nastroje nacjonalistycz-

ne. Sprawa wymknęła się komunistom spod kontroli, w pierwszym rzędzie Gomułce, którego żona była Żydówką. Rozpętała się prawdziwa antyżydowska kampania. Przynajmniej piętnaście tysięcy osób opuściło kraj. Niektórzy pod przymusem.

Kardynał Wojtyła, zwolennik dialogu między religiami, od długiego czasu utrzymywał dobre stosunki ze wspólnotą żydowską. Podczas wizyt duszpasterskich w parafiach wstępował na żydowskie cmentarze. Kiedy pod koniec lutego 1969 roku udał się z wizytą do synagogi krakowskiej na Kazimierzu, pragnął tym gestem szczególnie mocno podkreślić solidarność jego i Kościoła katolickiego z Żydami, którzy po raz kolejny cierpieli.

Cztery lata wcześniej w Rzymie doszło do niezwykłego zdarzenia. Karol Wojtyła przypadkiem spotkał Jerzego Klugera, jednego ze swoich najbliższych żydowskich przyjaciół z Wadowic. Po raz ostatni widzieli się, wraz z innymi szkolnymi kolegami, w 1938 roku, kiedy wspólnie świętowali zdanie matury. Później wybuchła wojenna zawierucha.

Myśleli o sobie, ale bez nadziei na spotkanie. A jednak się odnaleźli.

6
Krzyż z Nowej Huty

Dwadzieścia lat trwała budowa kościoła w Nowej Hucie. Dokładnie tyle, ile trwała posługa biskupia Karola Wojtyły w Krakowie: od konsekracji po wybór na Papieża. Te dwie historie, które nieustannie się przeplatają, rzucają też na siebie nawzajem pewne światło. Historia Nowej Huty odzwierciedla sposób, w jaki Karol Wojtyła pełnił rolę biskupa – pasterza lokalnego Kościoła, przewodnika i obrońcy swego ludu, a jednocześnie sposób postępowania z władzą, posługującą się presją i ateistyczną ideologią.

Doświadczenie Nowej Huty naznaczyło na zawsze styl duszpasterstwa arcybiskupa Wojtyły. Podobnie odcisnęło piętno na osobowości przyszłego papieża niestrudzenie walczącego o prawa człowieka, o wolność sumienia i wyznania. Można zaryzykować stwierdzenie, że walka, którą jako papież stoczy w obronie człowieka i godności osoby ludzkiej, miała swój początek właśnie w Nowej Hucie. Ta pierwsza próba podjęta przez młodego biskupa była jej zalążkiem.

Pod koniec lat pięćdziesiątych Kraków liczył 600 tysięcy mieszkańców i nadal rozwijał się przez powstawanie nowych osiedli na peryferiach. Dzielnice wyrastały jak grzyby po deszczu i prawie wszystkie pozbawione były kościołów, na których budowę władze komunistyczne nie dawały zezwoleń.

W Nowej Hucie powstał gigantyczny kompleks metalurgiczny: socjalistyczno-ateistyczna alternatywa dla katolickiego

Krakowa. Miało powstać miasto bez Boga, w którym od samego początku plan zagospodarowania nie przewidywał budowy kościoła. Ludność, napływająca z okolicznych wsi, zwłaszcza z okolic Tarnowa, była jednak głęboko wierząca i pragnęła obecności Boga. Chciała żyć w pobliżu świątyni, prowadzić tradycyjnie życie religijne.

Prośba kurii o zgodę na budowę kościoła nie wynikała z chęci walki, ale była wyrazem pragnienia wierzących do posiadania miejsca, gdzie byłby obecny Bóg i gdzie byłaby odprawiana Msza święta.

W Bieńczycach istniała już kaplica. To tam, po wielokrotnym odrzuceniu petycji o zbudowanie kościoła, ludzie wznieśli bardzo wysoki krzyż. Władze uznały to za prowokację, wyzwanie, jakby ten symbol miał stanowić pierwszy krok do obalenia systemu. Usunięto krzyż. Katolicy momentalnie zareagowali. Doszło do ostrych starć z milicją. Były ofiary: ranni i liczne aresztowania.

Dziś można powiedzieć, że była to pierwsza konfrontacja wierzących z komunistami w socjalistycznym mieście. Nowa Huta, dzielnica robotnicza, sprzeciwiła się władzy państwowej, mówiąc: „Mamy prawo! Mamy prawo do wolności sumienia! Mamy prawo do wolności wyznania!". Tak zrodziła się nowa strategia, strategia oporu. Był to opór na tle religijnym, ale wywołany decyzją władzy. To pierwszy krok długiej walki w imię obrony wolności i godności ludzkiej, godności ludu Bożego.

Była to również pierwsza wielka próba dla biskupa Karola Wojtyły. Ze względu na ciężką chorobę arcybiskupa Baziaka, młody biskup pomocniczy zmuszony był do samodzielnego podejmowania decyzji. Z jednej strony usiłował rozwiązać trudny problem Nowej Huty, z drugiej zaś starał się działać ostrożnie, aby nie wywołać konfliktu na większą skalę.

W tamtej chwili wyglądało to na rozpaczliwe przedsięwzięcie, a przecież Karol Wojtyła zwyciężył. Powołując się na literę prawa, rozpoczął rokowania z przedstawicielami władz centralnych i lokalnych i nigdy się nie poddał, popierając słuszne żądania wiernych.

Wreszcie władze ustąpiły i wydały zgodę na wybudowanie kościoła, co prawda nie w tym miejscu, w którym postawiono krzyż, lecz w innej części Nowej Huty. Arcybiskup Wojtyła odwiedzał plac budowy. W Boże Narodzenie odprawiał Pasterkę pod gołym niebem, choć czasem było mroźno i sypało gęstym śniegiem.

Tak powstała Arka Pana, nowa, wspaniała świątynia, będąca symbolem Polski, która obaliła mit miasta bez Boga. Ludność Nowej Huty zrozumiała, że wizerunek narodu nie zależy od narzuconego reżimu, niezdolnego do reprezentowania społeczeństwa polskiego, ale od kobiet i mężczyzn, którzy ten naród tworzą. Po dwudziestu latach oczekiwań, niepokoju i walki, 15 maja 1977 roku miała miejsce konsekracja kościoła dokonana przez kardynała Karola Wojtyłę, który już jako biskup pomocniczy na zawsze związał swoje imię z Nową Hutą.

Nie tylko to pierwsze robotnicze miasto stanęło do walki o budowę kościołów. Były też Mistrzejowice z walecznym proboszczem, księdzem Józefem Kurzeją, zmarłym na zawał serca w wieku trzydziestu dziewięciu lat wskutek ogromnych cierpień zadanych przez funkcjonariuszy systemu. Był też Ciesiec, gdzie parafianie zdecydowali o wybudowaniu kościoła wbrew zakazowi władzy, dokąd arcybiskup Wojtyła wysłał swego sekretarza, księdza Stanisława, na znak solidarności i na potwierdzenie pełnego prawa tamtejszej ludności do posiadania własnej świątyni.

W sobotę rozpoczęli budowę. Pracowali cały dzień: kobiety, mężczyźni, dzieci, i w niedzielę wieczorem kościół został ukończony. Oczywiście, była to bardzo skromna świątynia, lecz ileż wysiłku i zabiegów kosztowało jej wzniesienie! Miejscowe władze w odwecie odcięły prąd, zablokowały prowadzącą do miejscowości drogę, ale ludzie, mimo wszystko, nie ustąpili. W nocy oświetlono plac budowy podpalając opony samochodowe. Ustalono dyżury, aby strzec świątyni sprzed niepożądaną Służbą Bezpieczeństwa. Czuwano i modlono się pracując.

Tak wyglądało życie codzienne w Polsce w czasach komunizmu. Walczono, aby zbudować świątynię – miejsce kultu. Walczono o wykształcenie kleru po tym, jak w 1954 roku postanowieniem władz zlikwidowano Wydział Teologiczny na Uniwersytecie Jagiellońskim, w zamian tworząc uczelnię całkowicie podlegającą państwu – Akademię Teologii Katolickiej w Warszawie.

Miało to na celu kontrolowanie kształcenia przyszłych kapłanów w duchu marksistowskim. W efekcie chciano podporządkować państwu komunistycznemu i unicestwić religię katolicką. Kardynał Wojtyła zatroszczył się o to, aby Wydział Teologii w Krakowie, wyrzucony z Uniwersytetu Jagiellońskiego, przetrwał w seminarium, a z czasem otrzymał status fakultetu papieskiego. Dawało to niezależność i umożliwiało nadawanie stopni i tytułów akademickich duchowieństwu oraz przygotowywanie kleru wykształconego i kompetentnego, na wzór wyższych uczelni.

Kościół wolny, niezależny, na wysokim poziomie intelektualnym mógłby stawić czoło różnym ideologiom, zachowując spuściznę kultury chrześcijańskiej, dzięki której Polska nawet wtedy, gdy była wymazana z mapy Europy, zachowała swą tożsamość. I zdołała przetrwać.

W tych latach były organizowane „Tygodnie kultury chrześcijańskiej", które Kardynał wspierał moralnie i finansowo. Podobnie, w miarę możliwości, pomagał wykładowcom uniwersyteckim, naukowcom, wybitnym ludziom kultury i teatru, którzy stracili pracę, ponieważ nie podporządkowali się doktrynie komunistycznej.

Metropolita z założenia nie pobierał pensji kurialnej, która była zresztą symboliczna. Ofiary otrzymywane z rąk proboszczów i wynagrodzenie za prawa autorskie swych publikacji przeznaczał w całości na różne akcje duszpasterskie bądź na cele charytatywne. Żył skromnie i nie wyrażał żadnych potrzeb. Nosił latami ten sam płaszcz, zakładając w zimie podpinkę.

Tak wyglądała marksistowska rzeczywistość tamtych czasów. Każdego dnia toczono walkę o ocalenie Kościoła i zachowanie religii. Każdego dnia walczono o ocalenie Polaków i Ojczyzny.

7
„Jak mógłbym milczeć?"

W tamtych latach kardynał Wojtyła wiele podróżował, często zapraszany za granicę. Zaczął od odwiedzania rozsianej po całym świecie Polonii.

Odbywał także pielgrzymki, na przykład do Ziemi Świętej, o której pisał w przepięknym liście – reportażu o charakterze duchowym, skierowanym do krakowskich kapłanów. Opisał ogromne wzruszenie na widok miejsca, które Pan upodobał sobie, aby w określonym momencie wkroczyć w dzieje ludzkości.

Poza tym otrzymywał liczne zaproszenia do udziału w konferencjach i kongresach, do zabierania głosu w ważnych wydarzeniach, takich jak Międzynarodowy Kongres Eucharystyczny w Melbourne, gdzie po raz pierwszy spotkał Matkę Teresę z Kalkuty, albo podobny kongres w Filadelfii.

Podróże były okazją do poznania realiów innych kontynentów, nie tylko Europy i Ameryki, ale także Azji, Oceanii. Nade wszystko jednak przyczyniały się do poznania i zrozumienia ludzi żyjących pod innymi szerokościami geograficznymi, w bardzo odmiennych warunkach. Myślę, że te podróże odegrały znamienną rolę w przygotowaniu go do wypełniania w przyszłości misji Pasterza Kościoła powszechnego.

Kardynał Karol Wojtyła podróżował często do Watykanu. Był członkiem wielu dykasterii rzymskich. Powracając do Rzymu, z radością dostrzegał, jak pod wpływem Soboru kuria przybierała coraz bardziej międzynarodowy charakter.

Za każdym pobytem w Rzymie przyjmowany był przez Pawła VI na audiencji. Papież bardzo cenił młodego metropolitę krakowskiego. Szanował go za głęboką duchowość, za odwagę duszpasterską, formację intelektualną, pogodę ducha, za wierność i lojalność. Wielokrotnie okazywał mu swą życzliwość. W 1976 roku zwrócił się do niego z prośbą o wygłoszenie rekolekcji wielkopostnych w Watykanie. Było to wielkie wyróżnienie a jednocześnie ogromna odpowiedzialność.

W swych rozważaniach Karol Wojtyła oparł się na słowach Symeona: „Oto ten, przeznaczony jest na upadek i na powstanie wielu w Izraelu, i na znak, któremu sprzeciwiać się będą". Nawiązując do teraźniejszości zwrócił uwagę, iż Papież, Kościół, biskupi, kapłani i zakonnicy, a także wierni wezwani są, niczym Chrystus, do tego, by być „znakiem sprzeciwu" w świecie, w którym siłą i milczeniem próbowano zaprzeczyć prawdzie Bożej, prawdzie o Bogu.

Mówił o niebezpieczeństwach docierających z Zachodu, z coraz bardziej zlaicyzowanego i konsumpcjonistycznego społeczeństwa oraz z krajów ateistycznych, w których walka z religią toczyła się tak, „aby, o ile to możliwe, unikać kolejnych męczenników. Założeniem dzisiejszych czasów jest prześladowanie, które pozornie nie istnieje, a zatem panuje pozór całkowitej wolności wyznania".

Nie były to jedynie słowa, lecz doświadczenie, któremu metropolita krakowski nieustannie musiał stawiać czoło. Ciągle bowiem dochodziło do prześladowań skierowanych przeciwko grupom, stowarzyszeniom, a także przeciw pojedynczym osobom.

Pewien chłopiec, uczeń szkoły zawodowej, jak wielu w tamtym okresie, nosił na piersiach krzyż. Powiedziano mu: „Zdejmij ten krzyż. Nie masz z nim czego szukać w szkole, a zwłaszcza na gimnastyce". Zaprotestował, został wydalony, a do szkoły wezwano matkę. Ona odpowiedziała: „Jestem dumna z mego syna!".

Inny przykład to czyn kobiety, która przekazała do dyspozycji parafii jeden z pokoi swojego mieszkania, przeznaczając go na miejsce do nauki religii. Dowiedzieli się o tym funkcjonariusze, wezwali ją i zagrozili pozbawieniem pracy.

Była też historia pewnego inżyniera, który miał zostać dyrektorem dużej fabryki. Wzorowe przygotowanie zawodowe czyniło z niego niewątpliwie doskonałego kandydata na tak odpowiedzialne stanowisko. Powiedziano mu: „Proszę udać się do pokoju, w którym odbędzie pan rozmowę". Stawił się tam, przyznał, iż jest katolikiem, i na tym się skończyło. Dyrektorem nie został.

Kardynał Wojtyła mówił o tym w swoich homiliach, oczywiście nie wymieniając osób, których sprawa dotyczyła. Otwarcie sprzeciwiał się próbom wymazania Boga z głębi ludzkiej duszy. Tak zaprotestował w 1976 roku, kiedy władze po raz kolejny ograniczyły trasę procesji Bożego Ciała w Krakowie.

„Często wytykano mi – mówił – że poruszałem te kwestie. Jak mógłbym milczeć? Jak mógłbym o nich nie pisać? Jak mógłbym nie interweniować? Jako biskup, mam obowiązek być pierwszym, który służy tej sprawie. Wielkiej sprawie człowieka".

W sposób nieunikniony stał się „czarną owcą" dla reżimu. Ten zaś czynił wszystko, aby nie tylko utrudniać działalność duszpasterską, ale także zmęczyć go psychicznie. Śledzono go. Był pod stałą obserwacją. Dawano mu odczuć wszechobecność systemu, jego nacisk, całą jego „potęgę".

Pałac arcybiskupi, łącznie z sypialnią kardynała, jego gabinetem, jadalnią i pokojem przyjęć, był naszpikowany mikrofonami. Zamontowane były pod tapetami, w telefonach i meblach.

Świetnie zdawaliśmy sobie sprawę z ich obecności. Któregoś dnia, nieproszeni, pojawili się robotnicy, oświadczając, że zepsuł się telefon czy instalacja elektryczna, po czym wykorzystali sytuację, aby zamontować podsłuch.

Kardynał specjalnie mówił nieraz donośnym głosem, aby usłyszeli jego opinię. W przypadku ważnych rozmów opuszczał rezydencję, udawał się na rozmowę do pobliskiego lasku. Gdy przybywali biskupi z zagranicy, zabierał ich nawet w góry.

Wojtyła był pod stałą kontrolą. Nagrywano i analizowano każde jego kazanie, zdanie po zdaniu. Gdziekolwiek się udawał, nawet daleko, był śledzony przez tajne służby, zawsze w gotowości po drugiej stronie ulicy Franciszkańskiej. Kiedy arcybiskup wyjeżdżał z rezydencji, w ślad za nim ruszały ciemne, ponure samochody, które pozdrawiał, a nawet błogosławił. Nazywał je „swoimi aniołami stróżami".

Kierowca kardynała Wojtyły, Józef Mucha, doskonale potrafił ich zwodzić. Pewnego razu, gdy arcybiskup jechał na spotkanie, które pragnął utrzymać w tajemnicy, zachował się jak agent 007. Niespodziewanie przyspieszył i wcisnąwszy się pomiędzy kolumnę samochodów, pozwolił kardynałowi przesiąść się do innego auta. Dalej pojechał sam, ciągnąc za sobą zdezorientowanych „opiekunów".

Nie dotyczyło to jedynie tamtych lat. „Wielki Brat" śledził Karola Wojtyłę nawet wtedy, gdy już jako papież przybywał z wizytą duszpasterską do Ojczyzny.

Kiedy w Warszawie Ojciec Święty miał spotkać się z przedstawicielami opozycji, zastosował podobne środki ostrożności zapraszając rozmówców do ogrodu rezydencji prymasa, gdzie się zatrzymał.

Przygotowując pielgrzymkę w 1983 roku długo dyskutowano nad tym, czy Ojciec Święty może spotkać się z przywódcą „Solidarności" Lechem Wałęsą. W końcu generał Jaruzelski wyraził zgodę i na miejsce spotkania wybrano schronisko na Hali Chochołowskiej, gdzie przygotowano „dobrze" wyposażoną salę.

Ojciec Święty wszedł do środka, rozejrzał się wokół, ale coś wyraźnie wzbudziło jego wątpliwości. Wziął Lecha Wałęsę pod ramię i poszedł z nim na korytarz, gdzie mogli bezpiecznie porozmawiać.

8
Bunt

Po dziesięciu latach więzienia i kolejnych ośmiu latach ciężkich robót, kardynał Stefan Trochta dotarł do kresu swego męczeństwa. Nawet po śmierci nie doczekał się szacunku ze strony czechosłowackiego reżimu. W kwietniu 1974 roku kardynałowi Wojtyle, który wraz z dwoma innymi purpuratami, Königiem i Bengschem, udał się do Litomierzyc, zabroniono koncelebrowania Mszy świętej pogrzebowej. Pomimo tego, po zakończeniu uroczystości, metropolita krakowski przemówił na cmentarzu w obecności tajnych agentów, wspominając bohaterską postać kardynała Trochty.

Kościół w Czechosłowacji potrzebował wszystkiego, szczególnie Biblii, książek, podręczników do kształcenia kapłanów. Po jakimś czasie poproszono biskupów z krajów sąsiednich, aby udzielali święceń ich seminarzystom, którzy następnie mieli powrócić do Czechosłowacji, aby tam pełnić posługę w ukryciu przed władzą. Kardynał Wojtyła i w tym służył im pomocą.

Należy pamiętać, że wszystko to odbywało się w największej tajemnicy przed władzami komunistycznymi, aby nie zniszczyły one więzów solidarności.

Nocą, po ciężkiej podróży, seminarzyści przekraczali granicę. Po jej drugiej stronie czekał człowiek, który miał zawieźć ich do Krakowa. Kolejnym etapem było tzw. rozpoznanie. Każdy z młodzieńców miał przy sobie jedną część certyfikatu upoważniającego do wyświęcenia, który musiał odpowiadać drugiej części dostarczonej wcześniej biskupowi. W końcu, w absolutnej tajemnicy, w prywatnej kaplicy odbywała się ceremonia święceń. Biskup nakładał dłonie na głowy seminarzystów, czyniąc ich posłańcami Chrystusa. O zmroku wybierali się w powrotną drogę do ojczyzny, nie mając pojęcia, co ich tam czeka.

Sytuacja była rzeczywiście skomplikowana. Czechosłowacja od zawsze stanowiła najbardziej hermetyczny kraj sowieckiego imperium. Widziała, jak marzenia prysnęły, kiedy koła czołgów zmiażdżyły zryw Praskiej Wiosny. A jednak skorupa czechosłowackiego reżimu zdawała się pękać, gdy niemal jednocześnie dochodziło do buntów w całej Europie Środkowo-Wschodniej.

Przyczyną był prawdopodobnie Akt Helsiński, podpisany 1 sierpnia 1975 roku. Pozornie usankcjonowano nim układ jałtański i nierozerwalność granic narzuconych przez Stalina po II wojnie światowej. W rzeczywistości jednak, także dzięki działaniu Stolicy Apostolskiej, zatwierdzono istotne zasady dotyczące poszanowania praw człowieka i podstawowych wolności, również wolności wyznania. Umożliwiło to zbudowanie trwałych podwalin pod późniejsze działania dysydentów.

Na tle wciąż jeszcze podzielonej Europy zaczynał rysować się nowy, w pewnym sensie dynamiczny krajobraz.

Kardynał Wojtyła był głęboko przekonany, że przyszłość świata, a w szczególności Polski, nie może należeć do marksistów. Zbyt mocne było budzące się w społeczeństwie pragnienie wolności, demokracji, solidarności. Podobnie jak Prymas, metropolita krakowski uważnie obserwował nastawienie polityki watykańskiej do krajów bloku wschodniego. Obawiał się, że Stolica Apostolska bardziej od starania się o porozumienie w sprawie wspólnego działania z lokalnymi episkopatami, dąży do zawarcia umów z poszczególnymi rządami w nadziei na „ocalenie tego, co można było jeszcze ocalić".

Polska stanowiła dość nietypowy przypadek na tle komunistycznego archipelagu. Wyróżniał ją silny, zwarty i dobrze zorganizowany Kościół, a także odmienna niż w innych krajach „demokracji ludowej" postawa narodu.

We wschodnich Niemczech, Czechosłowacji, Bułgarii, Związku Radzieckim czy na Węgrzech sprzeciw wyrażała elita, ograniczająca się do środowiska intelektualistów, kręgów politycznych o charakterze rewizjonistycznym, czy też małych grup religijnych. Nad Wisłą zaś zjawisko to osiągnęło wymiar powszechny, było udziałem całego narodu.

Społeczeństwo polskie dość jednomyślnie oceniało system komunistyczny jako niesprawny i niezdolny do polepszenia warunków życia – choćby tylko do poziomu przyzwoitego, ale przede wszystkim postrzegało go jako niesprawiedliwy i głęboko dyskryminujący.

Osoby nie należące do partii, prócz nielicznych wyjątków, nie miały prawa zajmować kierowniczych stanowisk. Jedynie członkowie partii cieszyli się przywilejami, podczas gdy Kościół i jego ludzi świeckich, wierzących i praktykujących, uznawano za obywateli drugiej kategorii.

Od lat kardynał Wojtyła głosił społeczną naukę Kościoła, którą traktowano jako ingerencję w politykę i sprzeciw wobec ideologii marksistowskiej i dlatego ją zwalczano.

Nadszedł 25 czerwca 1976 roku. Tego dnia wydarzyło się coś, co miało radykalnie odmienić oblicze Polski.

W Radomiu i Ursusie, fabryce ciągników na obrzeżach stolicy, wybuchł kolejny protest spowodowany podwyżką cen podstawowych artykułów. Po raz pierwszy jednak do demonstrujących ro-

botników, domagających się praw i prześladowanych przez milicję, dołączyli intelektualiści, studenci i rolnicy. Powstał Komitet Obrony Robotników, działający na rzecz uwięzionych pracowników i ich rodzin. Założyciele Komitetu reprezentowali różne przekonania. Katolicy wystąpili wspólnie z niewierzącymi na potwierdzenie, że w imię solidarności i wspólnego dobra możliwe jest pokonanie ideologicznych barier i dawnych uprzedzeń.

Społeczeństwo polskie, zwracając się przeciwko władzom, które zamiast reprezentować naród, reprezentowały partię, odnalazło własną siłę i podmiotowość. Dla wzmocnienia jedności dołączył do niego Kościół ze swym autorytetem moralnym. Podjął interwencję kardynał Wyszyński, apelując do rządu o zaprzestanie przemocy, aresztowań i postępowania karnego. Głos zabrał również kardynał Wojtyła, podkreślając, iż budowanie pokoju winno opierać się wyłącznie na poszanowaniu praw człowieka i narodu.

Metropolita krakowski, choć nie brał bezpośredniego udziału w starciu, przekonywał, że naród polski, który tak długo walczył o swą suwerenność, tak bardzo cenił sobie demokrację i tak wiele wycierpiał podczas ostatniej wojny światowej, przelewając na wielu frontach krew w walce o wolność, pozbawiony został swych elementarnych praw.

Jego słowa ukazywały wymiar etyczny rozgrywających się wydarzeń. Wyprzedzały rewolucję, która miała zrodzić się w Polsce kilka lat później z nadejściem „Solidarności".

9
Bunt młodych

W 1968 roku wybuchł protest młodzieży polskiej w Warszawie, po czym rozprzestrzenił się na cały kraj. Był ważnym etapem na drodze ku wolności, nawet jeżeli później interpretowano te wydarzenia tak, że prawdopodobnie u ich początków legła prowokacja tajnej policji, by wywołać bunt studentów i móc w następstwie zastosować represje, a także „wyrównać rachunki" w obrębie środowiska komunistycznego.

Rewolucja 1968 roku nie powiodła się, gdyż młodzieży nie poparli robotnicy, główna siła polskiego społeczeństwa. Wręcz przeciwnie, często to właśnie oni, niewątpliwie manipulowani i zmuszani przez partyjnych agitatorów, wspierali milicję w jej działaniach.

Kościół, a w szczególności kardynał Wojtyła, opowiedział się po stronie młodych. Wyraźnie podkreślał, że nie należało obarczać jej ciężarem odpowiedzialności za konflikty i protesty. Według niego winę powinno się przypisywać tym, którzy pozbawili młodych wolności i perspektyw na rozwój społeczny i kulturalny. Dzięki temu stanowisku Kościół nie stracił młodzieży, a wręcz ją pozyskał. Młodzi nie zatracili nadziei. Złożyli broń, lecz zachowali siłę ducha.

Po niespełna dziesięciu latach doszło do wybuchu kolejnego wielkiego buntu młodych. Tym razem w zupełnie nowej scenerii.

Nie w Warszawie, lecz w Krakowie, gdzie w znacznej mierze dzięki obecności autorytetu kardynała Wojtyły, młodzi pozostali wolni od manipulacji przez system. Ponadto, nie było już tych młodych, którzy określali się mianem „komunistów", gdyż stracili swoją wiarę w tzw. realny socjalizm i w to, że jest on w stanie doprowadzić do prawdziwego postępu społecznego.

Metoda kardynała Karola Wojtyły okazała się zwycięską strategią. Zamiast otwartej walki z marksizmem, metropolita krakowski starał się osłabić go od wewnątrz poprzez konfrontację z rzeczywistością, jaką jest człowiek; poprzez konfrontację z „prawdą" o człowieku.

Chciałbym pogłębić to zagadnienie. Działanie kardynała Wojtyły miało charakter czysto religijny i ewangeliczny. Próbował obudzić w młodych sumienie, wewnętrzną wolność, która wypływa z kontaktu z Bogiem i dialogu z Nim na modlitwie.

Życie wewnętrzne i silny związek z Bogiem prowadzą w naturalny sposób do głębszego zrozumienia spraw społecznych, solidarności z bliźnimi, wrażliwości na cierpiących, pozbawionych wolności i podstawowych praw.

Tak rodziła się opozycja duchowa i moralna. Karol Wojtyła nie był jej przywódcą politycznym, lecz jej Pasterzem. Głosił ewangeliczną zasadę: „Prawda was wyzwoli", przez co służył wolności człowieka. Inni mieli wyciągać praktyczne wnioski i je realizować.

7 maja 1977 w Krakowie, w jednej z kamienic, znaleziono ciało Stanisława Pyjasa, studenta współpracującego z KOR-em. Liczne rany na ciele i ogromna ilość krwi przeczyły wersji milicji, która twierdziła, że młodzieniec „spadł ze schodów", gdyż był „kompletnie pijany".

Na wiadomość o śmierci Pyjasa poszedłem pod bramę budynku, tam gdzie popełniono zbrodnię. Bo przecież była to zbrodnia! Dziś wszyscy wiedzą, że dokonano morderstwa na jednym z głównych działaczy krakowskiej opozycji. Wtedy, oczywiście, ludzie związani z systemem, odpowiedzialni za tę zbrodnię, nie przyznali się do popełnionego czynu. Pozostałem tam dłuższy czas, czego mi nie wybaczono. W drodze powrotnej na Franciszkańską byłem śledzony przez Służbę Bezpieczeństwa.

W kurii arcybiskupiej, oprócz kardynała Wojtyły, zastałem też prymasa. Następnego dnia, z okazji uroczystości Świętego Stanisława, miała odbyć się procesja ku jego czci. Opowiedziałem o całym zdarzeniu, obydwaj byli poruszeni. Nie dowierzali, że można dopuścić się mordu na człowieku tylko dlatego, że działał w opozycji, a zatem był niewygodny.

Wybuchło zbiorowe oburzenie. Studenci ogłosili żałobę, zorganizowali Mszę świętą żałobną, a wieczorem przeszli pochodem pod mieszkanie swego kolegi Stanisława. Napięcie rosło. Niektórzy obawiali się wybuchu wojny domowej, choćby dlatego, że Kraków zalały oddziały milicji sprowadzone z całej Polski. Na szczęście kardynałowie Wyszyński i Wojtyła mówili prawdę, ale nie podniecali rozpalonych serc i zdołali zapobiec najgorszemu, czyli fizycznemu starciu i rozlewowi krwi.

Prymas w swoim przemówieniu zdecydowanie wspierał młodzież i potępił zbrodniczy akt, a jednocześnie przestrzegał przed użyciem siły. Kardynał Karol Wojtyła przy pierwszej możliwej okazji, w obecności tysięcy młodych ludzi, domagał się od władz poszanowania praw człowieka.

Według metropolity krakowskiego należało prowadzić walkę na drodze pokojowej, z rozwagą, jak czynił to Gandhi. Kierując się rozsądkiem, trzeba było znaleźć odpowiednie argumenty, wytknąć błędy systemu, aby uniknąć lekceważenia i deptania praw człowieka, prawa do wolności. Nie należy liczyć na to, że można rozwiązać cokolwiek protestem czy zbrojnym powstaniem.

Podczas przemówienia metropolity na Skałce na niebie pojawił się samolot, który wyraźnie próbował zakłócić przebieg spotkania. Kardynał skierował ironiczne powitanie do „nieproszonego gościa", po czym skrytykował prasę za sposób, w jaki fałszowała rzeczywistość. Jak prorocze były jego słowa! Nazajutrz żadna z gazet nie nawiązała do jego przemówienia.

Jednak i ten ruch młodych nie przyniósł oczekiwanego efektu. System totalitarny, uwikłany we własne mechanizmy ideologiczne i uwięziony w bezwładzie, nie zdawał sobie sprawy ze stanu nastrojów i postaw społecznych. Zareagował swoimi klasycznymi metodami: represją, kłamstwem i stosowaną od lat cenzurą: bardzo surową, nieugiętą, a zarazem śmieszną w absurdalnej drobiazgowości.

Cenzurowano nie tylko treść, lecz nawet pojedyncze wyrazy. Nie akceptowano na przykład słowa „naród". Niedopuszczalna była krytyka systemu komunistycznego ani pozytywna ocena działalności Kościoła. Trzeba było stale toczyć niekończącą się walkę o pozwolenie na publikowanie w całości dokumentów Stolicy Apostolskiej. Próbowano poddawać cenzurze nawet teksty papieskie.

Taka była Polska rządzona przez partię. Polska zdecydowanej mniejszości, pozbawiona poparcia młodych, którzy odrzucili ideologię komunizmu, gdyż odkryli jego prawdziwą, bezgranicznie despotyczną naturę. Ale istniała też inna, nowa Polska, Polska większości społeczeństwa. Polska „latających uniwersytetów", propagujących nauczanie oczyszczone z państwowych manipulacji. Polska, w której coraz większą wiarygodnością cieszył się Kościół, nie tylko na wsi, wśród rolników, lecz także wśród robotników i w kręgach inteligencji.

O tej „nowej" Polsce mówił otwarcie kardynał Wojtyła w czerwcu 1978 roku w sanktuarium maryjnym w Kalwarii Zebrzydowskiej. „Rodzi się jakieś zupełnie nowe, powiedziałbym: spontaniczne i żywiołowe szukanie «świadka wiernego». Jezus Chrystus jest tym świadkiem. Dlatego właśnie dzisiejszy człowiek zwraca się do Niego. Zwraca się do Niego zwłaszcza dzisiejsza młodzież, która dobrze rozumie, że walka o obecność bądź nieobecność Boga w życiu człowieka, w życiu całego społeczeństwa i narodu, wymaga szczególnego spotkania z Chrystusem".

10
„Nadchodzi Papież słowiański"

Rok 1978 nazwano „Rokiem trzech papieży".
Pierwszej niedzieli sierpnia Karol Wojtyła absolutnie nie przypuszczał, co wydarzy się w ciągu nadchodzących kilku miesięcy.

Wraz z kilkoma przyjaciółmi był na wakacjach w Bieszczadach, kiedy dotarła do niego wiadomość o śmierci papieża Pawła VI. Wiedziano, że Ojciec Święty jest ciężko chory, a jednak informacja o jego odejściu sprawiła kardynałowi wielki ból. Był z nim mocno związany. Papież był dla niego jak ojciec. Od samego początku wywarł na nim wrażenie styl duszpasterstwa Pawła VI, sposób patrzenia na świat oraz wielkie otwarcie na zagadnienia kultury.

Kościół rozpoczął przygotowania do konklawe.
Wielu komentatorów przewidywało trudny wybór z uwagi na liczne grono członków Kolegium Kardynalskiego. Poza tym nie umilkły jeszcze dyskusje, które podzieliły kręgi kościelne w długim i trudnym okresie posoborowym.

Kardynał Wojtyła nie zastanawiał się, kto będzie następcą zmarłego Papieża. Ograniczał się do stwierdzenia: „Duch Święty wskaże". Spoglądał na wszystko oczami wiary, oczami człowieka wierzącego, człowieka Kościoła.

W Rzymie spotkał Albina Lucianiego, patriarchę Wenecji. Nie znali się dobrze, ale w przeszłości wielokrotnie się spotykali i łączyło ich pewne pokrewieństwo dusz.

Pamiętam jedno z takich spotkań w Kolegium Polskim przy placu Remuria. Miało ono miejsce w okresie bezpośrednich przygotowań do konklawe. Kardynał Wojtyła zaprosił patriarchę na obiad. Przyszedł z radością. Także i ja miałem wtedy okazję go poznać i od razu zachwyciła mnie jego spontaniczność.

Innym ciekawym spotkaniem Karola Wojtyły była rozmowa z kardynałem Josephem Ratzingerem. Przypuszczam, że zastanawiali się nad katolickim, chrześcijańskim wizerunkiem Kościoła, który należało zaproponować współczesnemu światu na progu nowego tysiąclecia.

Wbrew przypuszczeniom konklawe zakończyło się bardzo szybko. Wybór był błyskawiczny, co świadczyło o tym, iż Kolegium Kardynalskie odnalazło już swoją jedność. Może właśnie dla wzmocnienia tej spójności wybrany patriarcha Wenecji przyjął podwójne imię Jana XXIII i Pawła VI, łącząc w sobie spuściznę dwóch wielkich poprzedników i jednocząc w ten sposób kierunki działania tamtych papieży, które niesłusznie próbowano sobie przeciwstawiać.

Kardynał Wojtyła nigdy nie mówił o szczegółach konklawe. Powiedział jedynie, że w trakcie wyboru urzeczywistniła się obecność Ducha Świętego. Przyjął i uszanował wolę Bożą, którą Pan ukazał kardynałom poprzez wybór nowego papieża.

Spotkał się z Janem Pawłem I tuż po inauguracji pontyfikatu, a zaraz potem wyjechał do Krakowa, zachowując w pamięci pełen dobroci uśmiech i radość, z jaką nowy Następca Świętego Piotra wyrażał swoją głęboką wiarę.

Minęły zaledwie trzydzieści trzy dni.

Kardynał Wojtyła wrócił właśnie wraz z delegacją episkopatu, z prymasem Wyszyńskim na czele, z wizyty w RFN. Był w san-

ktuarium w Kalwarii. Odprawił na Wawelu uroczystą Mszę świętą z okazji uroczystości świętego Wacława, patrona katedry, oraz dwudziestej rocznicy swojej konsekracji biskupiej.

Rankiem 29 września popijał właśnie herbatę, gdy do pokoju wbiegł kierowca Józef Mucha. Poruszony, z wypiekami na twarzy, z trudem zdołał wymówić, że Jan Paweł I nie żyje.

Arcybiskup zdrętwiał, ale tylko na chwilę. Przerwał śniadanie i poszedł do swego pokoju. W tak smutnym momencie pragnął pozostać sam. Nie komentował tego, co się stało, słyszeliśmy jedynie, jak szeptał: „To niesłychane, niesłychane...". Później z daleka zobaczyliśmy, jak wchodził do kaplicy, gdzie przez długi czas się modlił.

Modlił się i może stawiał sobie pytanie. Pytał Boga o to, co potem w prostocie serca wyraził w trakcie nabożeństwa żałobnego w kościele Mariackim: „Cały świat, cały Kościół zadaje sobie pytanie: dlaczego? (...) Nie wiemy, jaki ma być sens tej śmierci dla Stolicy Świętego Piotra. Nie wiemy, co Chrystus chce przez to powiedzieć Kościołowi i światu".

Rzym i Watykan zdawały się powtórnie przeżywać atmosferę sierpniowych wydarzeń.

A dla Karola Wojtyły było to coś zupełnie innego.

Nawet prywatnie nigdy nie mówił na temat następcy Jana Pawła I...

Ale ten, kto go dobrze znał, mógł wyczytać z jego twarzy niepokój, jaki nosił w sercu. Może dlatego, że dowiedział się, iż wpływowy kardynał Franz König, arcybiskup Wiednia, na spotkaniach z innymi purpuratami często wymieniał jego nazwisko.

Wieczorem w przededniu konklawe pragnął pożegnać się ze wszystkimi księżmi, którzy mieszkali w kolegium na Awentynie, gdzie zatrzymywał się, gdy przyjeżdżał do Rzymu. Było to gorące braterskie pożegnanie, podczas którego nie uszły uwadze obecnych jego wielkie napięcie i zamyślony wzrok.

Następnego dnia odprowadziłem kardynała do Watykanu. Wcześniej wstąpiliśmy jeszcze do polikliniki Gemelli, aby odwiedzić biskupa Andrzeja Marię Deskura (dziś kardynała), który kilka dni wcześniej miał wylew i leżał na oddziale intensywnej terapii. Stan był bardzo ciężki, wtedy był jeszcze przytomny.

Wiele lat później Karol Wojtyła, jako Papież, wspominał niespodziewaną chorobę biskupa Deskura mówiąc, iż była ona znakiem, który dał mu wiele do myślenia. W jego życiu pojawiało się więcej takich znaków. Kiedy miał udać się na konsystorz kardynalski, jeden z jego najbliższych przyjaciół, ksiądz Marian Jaworski (obecnie kardynał, metropolita lwowski obrządku łacińskiego) miał wygłosić w jego zastępstwie rekolekcje dla kapłanów. Podczas podróży pociągiem doszło do strasznego wypadku, w którym ksiądz Jaworski stracił rękę. Potem, w przededniu konklawe, ciężko zachorował biskup Deskur. Tak jakby jego wybór na Papieża, mawiał Ojciec Święty, wiązał się w jakiś przedziwny sposób z cierpieniem przyjaciela.

Nadeszło konklawe.

To, co tam się wydarzyło, jest objęte przysięgą milczenia. Nie znamy szczegółów. Pozostawmy to Duchowi Świętemu i mądrości Kościoła.

Dobrze. Nie chcemy snuć domysłów ani tym bardziej spekulować. Tak czy inaczej, z należytą rozwagą, w oparciu o niektóre wiarygodne źródła, można pokusić się o minimalną rekonstrukcję przebiegu konklawe. Przynajmniej po to, aby zrozumieć, jak doszło do tego wyboru.

Konklawe rozpoczęło się pod wieczór 14 października 1978 roku. Pierwszy dzień upłynął na konfrontacji zwolenników metropolity Genui, Giuseppe Siriego, i arcybiskupa Florencji, Gio-

vanniego Benellego. Dwóch Włochów reprezentujących różne tendencje: pierwszy dążył do dokonania pewnej korekty kierunku działania wytyczonego przez Sobór Watykański II, drugi popierał dalsze wprowadzanie w życie owoców Soboru w imię całkowitej wierności duchowi i literze nauczania soborowego.

Po wykluczeniu obydwu kandydatów, właściwie po ich wzajemnym wyeliminowaniu się, już w pierwszych dwóch głosowaniach 16 października metropolita krakowski otrzymał wiele głosów. Do przełomu doszło podczas przerwy, jak opowiedział potem kardynał Luigi Ciappi. Zwolennicy Wojtyły przekonywali stopniowo innych członków Kolegium Kardynalskiego.

Bardzo zaangażowanym na rzecz stopniowego pozyskania głosów dla Karola Wojtyły był najprawdopodobniej kardynał König. Już wcześniej przeprowadził on rozmowę z kardynałem Stefanem Wyszyńskim, przekonując go o słuszności tego wyboru (kardynał Wyszyński przez pomyłkę zrozumiał, że to on ma być kandydatem). Prymas udał się do celi Karola Wojtyły, aby dodać mu otuchy. I przekonać, aby przyjął wybór.

Powtórzył mu pytanie, które w Quo vadis *Sienkiewicza Jezus zadaje uciekającemu z Rzymu Piotrowi. Potem łagodniejszym tonem poprosił, aby nie odmówił, gdyby został wybrany. „Zadaniem nowego papieża będzie wprowadzenie Kościoła w Trzecie Tysiąclecie", dodał.*

Metropolita krakowski powrócił do Kaplicy Sykstyńskiej bardziej pogodny, choć nadal niespokojny. Podszedł do niego dawny przyjaciel, kardynał Maximilian de Fürstenberg, rektor Kolegium Belgijskiego, i wyszeptał słowa powtarzane w chwili święceń kapłańskich: „Deus adest et vocat te" – *Bóg jest tutaj i Ciebie wzywa.*

Podczas ósmego głosowania, drugiego z kolei pamiętnego popołudnia, Karol Wojtyła został wybrany prawdopodobnie większością dziewięćdziesięciu dziewięciu głosów. Ze wzruszeniem i spokojem przyjął wybór i obrał imię swego poprzednika.

Później dowiedziałem się od kardynała Wyszyńskiego, że to on prosił Karola Wojtyłę, aby wybrał imię Jana Pawła II na pamiątkę zmarłego papieża i przez szacunek dla narodu włoskiego, który bardzo pokochał Jana Pawła I.

Wszyscy kardynałowie podchodzili, aby złożyć mu homagium. On, widząc zbliżającego się kardynała Wyszyńskiego, objął go i mocno przytulił do siebie.

Tymczasem z komina Kaplicy Sykstyńskiej unosił się biały dym.

„Więc oto idzie Papież Słowiański, Ludowy brat" – pisał ponad sto lat wcześniej wielki poeta Juliusz Słowacki.

Byłem na placu świętego Piotra, przy wejściu do bazyliki i słyszałem, jak kardynał Pericle Felici ogłosił imię nowego papieża: to był mój biskup! Mój biskup!

Oczywiście, cieszyłem się, ale byłem jak skamieniały. Myślałem sobie: „Stało się!". Stało się to, co nie miało się stać. W Krakowie byli ludzie, którzy modlili się, aby nie został wybrany. Pragnęli, aby pozostał w diecezji, aby nie odszedł. Nikt nie wierzył, że może wydarzyć się coś podobnego. A jednak się wydarzyło! Stało się!

Również w Polsce, po chwili niedowierzania, nastąpiła eksplozja radości. Naród wyległ na ulice, na place, chciał wykrzyczeć szczęście, wzruszenie i dumę, że Syn polskiej ziemi został Następcą Świętego Piotra.

Tymczasem ktoś rozpoznał mnie w tłumie, podszedł i zaprowadził do wejścia do Watykanu, które z powodu konklawe wciąż jeszcze było zamknięte.

W „pokoju łez" przylegającym do Kaplicy Sykstyńskiej Papież przymierzał nowe szaty. Miał pokazać się w oknie loggii *po ze-*

wnętrznej stronie Bazyliki i udzielić błogosławieństwa. Zbliżając się do balkonu i widząc niezmierzone tłumy zapytał jedną z towarzyszących mu osób, czy nie należy powiedzieć kilka słów. Odpowiedziano mu, że protokół tego nie przewiduje. Jednak Jan Paweł II, po dotarciu do „loggii błogosławieństw", kierując się wewnętrznym pragnieniem, przemówił.

„Niech będzie pochwalony Jezus Chrystus". „Na wieki wieków. Amen".

„Nie wiem, czy potrafię wyrażać się jasno w waszym... naszym języku włoskim. Jeżeli się pomylę, to mnie poprawicie...". I wybuchły gromkie, niekończące się oklaski.

Drzwi konklawe nareszcie zostały otwarte, a „Marszałek", markiz Giulio Sacchetti, zaprowadził mnie do miejsca, gdzie Ojciec Święty spożywał kolację ze wszystkimi członkami Kolegium Kardynalskiego. Gdy wszedłem, kardynał kamerling Jean Villot wstał i z uśmiechem przedstawił mnie nowemu Papieżowi.

To było takie zwykłe spotkanie, a mimo to wzbudziło we mnie wielkie emocje. Przyglądał mi się, próbując może odgadnąć, co czuję widząc go w nowej szacie. Nie powiedział ani słowa. A jednak przemówiło do mnie jego spojrzenie, które zawsze tak bardzo poruszało. Miałem przed sobą Papieża, Pasterza Kościoła powszechnego. W tym momencie zdałem sobie sprawę, że nie jest on już kardynałem Karolem Wojtyłą, ale Janem Pawłem II, Następcą Świętego Piotra.

Wtedy podszedł jeszcze bliżej i odezwał się. Dwa, trzy zdania pełne charakterystycznego dowcipu sprawiły, że opadły ze mnie emocje i znowu dostrzegłem w nim człowieka, którego znałem. Mówił o kardynałach i o swoim wielkim zdziwieniu tym, że go wybrali. Chciał przez to powiedzieć: „Co oni zrobili?!". To jest moja interpretacja jego słów.

Poszedłem na kolację do innego pomieszczenia, gdzie siedzieli sekretarz konklawe, arcybiskup Ernesto Civardi, ceremoniarze i inne osoby, które w tych dniach pełniły posługę. Wszyscy przyglądali mi się z zaciekawieniem, a także z sympatią.

Po kolacji Ojciec Święty wrócił do swojego pokoju w małym mieszkanku na półpiętrze apartamentu sekretarza stanu, które dzielił z metropolitą Neapolu, Corrado Ursim. Dobrze się znali z arcybiskupem Ursim, razem otrzymali nominację kardynalską.

To tam, w tym pokoiku, nowy papież rozpoczął swoją posługę. Zabrał się za przygotowywanie homilii na następny dzień, która miała być wygłoszona po łacinie. Łacinę znał świetnie i napisanie tekstu nie sprawiło mu żadnego problemu. Chodziło o przemówienie programowe, w którym miał nakreślić główne kierunki pontyfikatu i zadania, jakie z woli Boga miał wypełnić. Pośród głównych założeń znalazły się: wprowadzenie w życie postanowień soborowych, otwarcie na świat, aktualna sytuacja Kościoła, ekumenizm.

Po kolacji wróciłem do Kolegium Polskiego. Nikt z nas nie zasnął. Razem z innymi księżmi spędziliśmy noc na komentowaniu wielkiego wydarzenia. Za pośrednictwem radia staraliśmy się dowiedzieć, jakie były reakcje Krakowa i innych miast Polski. Usłyszeliśmy o ogromnej radości i wzruszeniu, o modlitwach, czuwaniach w kościołach, o Mszach świętych, o biciu dzwonów. Na Wawelu bił dostojny Dzwon Zygmunta, co zdarzało się w zupełnie wyjątkowych sytuacjach.

Niektórzy jednak nie mieli powodów do radości, byli dosłownie zaszokowani na wieść o wyborze metropolity krakowskiego. Do publicznej wiadomości w Polsce wieść dotarła z opóźnieniem, gdyż w Komitecie Centralnym partii nie wiedzieli, jak ją podać, jak zapobiec lawinie następstw. Nie tylko w Polsce, ale w całym komunistycznym świecie, szczególnie na Kremlu, wstrząs był ogromny. Przez dziesięć dni w imperium sowiec-

kim panowała absolutna cisza. Żadnej reakcji. Żadnego komentarza.

Historia wzięła nieprawdopodobny odwet nad tymi, którzy byli przekonani, że zdołają wymazać Boga z życia człowieka.

Kiedy kardynał Wojtyła wyjeżdżał na konklawe, władze komunistyczne zabrały mu paszport dyplomatyczny, wystawiając w zamian zwykły paszport turystyczny. Jeden z prowincjonalnych członków partii powiedział: „Niech jedzie, policzymy się z nim po powrocie".

Ciekawe, co pomyślał gorliwy funkcjonariusz, gdy rok później zobaczył kardynała w białej szacie.

CZĘŚĆ DRUGA

Czas Pontyfikatu

11
„Otwórzcie drzwi Chrystusowi”

Była niedziela, 22 października 1978 roku. Nowy papież, pierwszy słowiański Papież w historii, rozpoczynał swą posługę Piotrową. W homilii, podczas uroczystej inauguracji, wypowiedział niezapomniane słowa: „Nie lękajcie się! Otwórzcie, a nawet, otwórzcie na oścież drzwi Chrystusowi! Jego zbawczej władzy otwórzcie granice państw, ustrojów ekonomicznych i politycznych, szerokich dziedzin kultury, cywilizacji, rozwoju”.

Apel ten odnosił się nie tylko do katolików, nie tylko do chrześcijan. Wyzwanie to było bezprecedensowe, gdyż pokusa człowieka, by odrzucić Boga w imię wolności i niezależności, osiągnęła wymiar ogólnoświatowy. Ponad wszelkimi podziałami.

Byłem poruszony, gdy przeczytałem przemówienie. Ojciec Święty wyrażał w nim swego ducha, swą myśl i swój program. Program swego życia, serca, pobożności oraz posługi pasterskiej w Kościele powszechnym, którą rozpoczynał teraz jako Następca Świętego Piotra.

Myślę, że słowa: „Otwórzcie drzwi!” i „Nie lękajcie się!” stanowiły motto jego życia i myśl przewodnią pontyfikatu. Miały natchnąć siłą i odwagą, szczególnie narody zniewolone, którym zwiastował wolność.

W uroczystości na placu świętego Piotra udział wzięli między innymi ambasador Związku Radzieckiego we Włoszech oraz sie-

dzący obok niego przewodniczący polskiej Rady Państwa Henryk Jabłoński. W pewnej chwili dyplomata zwrócił się w stronę sąsiada i lekceważącym tonem syknął: „Największym sukcesem Polskiej Rzeczypospolitej Ludowej było podarowanie światu Papieża". Miał na myśli Papieża przybyłego ze Wschodu, Papieża, który świetnie znał system komunistyczny i wiedział, jak stawić mu czoło. Należało zatem zacząć myśleć, jak zneutralizować jego działanie.

Może ambasador nie rozumiał, że słowa „Nie lękajcie się!" nie były u Jana Pawła II owocem żadnej ideologii czy strategii politycznej, lecz podążaniem za Ewangelią, naśladowaniem Chrystusa. To była jego siła! Z tymi słowami na ustach ruszył na podbój świata, by przemieniać jego oblicze.

Karol Wojtyła wypowiedziane słowa zaczął wprowadzać w życie tuż po zakończeniu uroczystej ceremonii. Chwycił pastorał niczym sztandar i zdecydowanym krokiem zszedł w dół na plac przed Bazyliką świętego Piotra, jakby chciał wyjść naprzeciw całemu światu, jakby chciał nim potrząsnąć i zbudzić z letargu, z rezygnacji, z lęków i fałszywych mitów, ze złudzenia, że można obejść się bez Boga.

Zaraz po wyborze Ojciec Święty powiedział, że nie chce być noszony w lektyce. Podkreślił to na samym początku, aby mu jej nie proponowano. Miał mocne nogi, nogi górala. Wolał chodzić.

Zrezygnował też z tiary. Nie ze względu na jej związek z nieistniejącą już władzą doczesną papieży. Po prostu dlatego, że po Soborze Kościół stał się bardziej ewangeliczny, bardziej uduchowiony.

Podobnie zresztą rozpoczął swój pontyfikat jego poprzednik, papież Albino Luciani, który odrzucił tzw. koronację. Karolowi Wojtyle podobał się ten duszpasterski styl. Według niego bardziej odpowiadał on nowym czasom i był bardziej zgodny z misją Pasterza Kościoła powszechnego, który ma być blisko ludu. A nawet, ma wejść między ludzi.

Jan Paweł II przyznał po czasie, że tak naprawdę dopiero później w pełni zdał sobie z tego sprawę. Choć głębię słów, którą wyraził na placu świętego Piotra, od dawna nosił w sobie, w swoim sercu.

Rzeczywiście, przemówienie napisał błyskawicznie. Zupełnie sam, odręcznie, z małymi poprawkami i oczywiście po polsku. Potem zaś, po przetłumaczeniu na język włoski, chciał ten tekst przećwiczyć. Przeczytał go Angelowi Gugelowi, swojemu kamerdynerowi, który był osobą niezwykle dokładną i krytyczną. Kiedy Papież mylił akcenty, on poprawiał go.

Prawda jest taka: wypowiedziane tamtej październikowej niedzieli słowa były cząstką jego pamięci, jego historii, dziedzictwa wiary i kultury, które zabrał ze sobą z Ojczyzny na Stolicę Piotrową.

Stąd wypływała wizja Jana Pawła II dotycząca relacji tajemnicy Odkupienia do prawdy o człowieku. Stała się ona centralnym punktem pierwszej encykliki, Redemptor hominis. *„Przez wcielenie Syn Boży zjednoczył się jakoś z każdym człowiekiem". Chrystus stopniowo odkrywa przed człowiekiem, który jest „pierwszą i podstawową drogą" Kościoła, zasadniczy wymiar jego jestestwa, jego przeznaczenie, jego niepowtarzalną wyjątkowość jako osoby posiadającej swą pierwotną godność.*

Chodziło o ewangeliczną prawdę odkrytą ponownie i przedstawioną przez Sobór Watykański II, szczególnie w konstytucji *Gaudium et spes*. Prawda ta była zarazem owocem refleksji i doświadczeń, które dojrzewały w Karolu Wojtyle w czasie jego posługi kapłańskiej, jego nauczania i jego biskupstwa. Encyklika programowa *Redemptor hominis* była syntezą Soboru i tego, co wyniósł z Ojczyzny. Była syntezą, którą Papież wprowadzał w życie, łącząc posługę Kościołowi ze służbą człowiekowi nie pojmowanemu abstrakcyjnie czy symbolicznie, ale w wymiarze rzeczywistym, konkretnym, historycznym, na płaszczyźnie indywidualnej, a jednocześnie wspólnotowej i społecznej.

Może w tamtym czasie, w chwili ogłoszenia encykliki, problem nie został dostatecznie dostrzeżony, nie rozpisywano się o nim w gazetach. Nie we wszystkich środowiskach kościelnych ani kręgach teologicznych to „nastawienie na człowieka" jako istotę odkupioną przez Chrystusa zostało pozytywnie przyjęte. Niektórzy wręcz byli oburzeni określeniem człowieka mianem „drogi" Kościoła. Tak jakby nowy Papież, kładąc nacisk na centralne miejsce osoby ludzkiej, jakoś podważał prymat Boga.

Trzeba wciąż powracać do owego „Nie lękajcie się!", gdyż właśnie te słowa były dla Jana Pawła II natchnieniem do określenia przewodniej myśli w *Redemptor hominis*: człowiek, odkupiony przez Chrystusa, jest „drogą" Kościoła, człowiek w swojej jedności duszy i ciała, w swym nieustannym napięciu pomiędzy prawdą a wolnością.

Może w tamtym czasie, w pewnych środowiskach, w sytuacji, w której Kościół wciąż dźwigał ciężar przeszłości, zdanie to mogło dziwić i wzbudzać negatywne nastawienie. Potem jednak stało się programem dla całego Kościoła, programem pontyfikatu, i do dziś nie straciło nic ze swej aktualności. Jest integralną częścią nauczania i misji Kościoła.

To, co w oczach niektórych zdawało się graniczyć z herezją, przyczyniło się w niemałym stopniu do przezwyciężenia dawnej opozycji teocentryzmu i antropocentryzmu, łącząc te dwa pojęcia w historii człowieka. I wyprzedzając kwestię antropologiczną, która w XXI wieku miała stać się głównym wyzwaniem dla Kościoła i dla człowieka.

Jaki będzie człowiek jutra? Jak będzie wyglądała jego rzeczywistość? Jakie będą jego wartości, etyczne punkty odniesienia, wzorce i styl życia? Czy wolno sądzić, iż możliwe jest zrozumienie i, co więcej, rozwiązanie zagadnienia człowieka w oderwaniu od zagadnienia Boga?

12

W antyklerykalnym Meksyku

Nowo wybrany Papież znalazł na stole list. Było to zaproszenie do Meksyku, do Puebli, na III Konferencję Plenarną Episkopatu Ameryki Łacińskiej.

Nie była to łatwa decyzja.

W tamtym czasie, w 1979 roku, Meksyk był oficjalnie krajem antyklerykalnym. W rządzie, parlamencie i na szczytach gospodarki zasiadało wielu masonów. Poza tym, aby udać się do Meksyku, głowa Kościoła katolickiego musiałaby zwrócić się z prośbą o wizę i nie otrzymałaby pozwolenia na udzielanie błogosławieństwa wiernym w miejscach publicznych, na placach.

Dochodził do tego problem, w jaki sposób należało potraktować teologię wyzwolenia. Teologia ta wyrażała głębokiego ducha katolicyzmu latynoamerykańskiego, ale „zanieczyszczona" nurtami radykalnymi, będącymi źródłem odchyleń doktrynalnych i duszpasterskich, zaczęła utożsamiać misję ewangelizacyjną z działaniem rewolucyjnym.

Należało też pamiętać, że na kontynencie panowały już reżimy tzw. bezpieczeństwa narodowego. Przeciwstawiały się one marksizmowi, ukazywały oblicze (fałszywe) chrześcijaństwa, lecz w rzeczywistości ograniczały wolność i prawa człowieka.

Pojawiły się głosy apelujące o rozwagę, a przynajmniej o odłożenie pielgrzymki. Ojciec Święty mimo wszystko zdecydował, że pojedzie. „Zaprosił mnie episkopat – mówił – więc muszę pojechać. Muszę poruszyć z biskupami kwestię dramatycznych problemów ich kontynentu, począwszy od teologii wyzwolenia". Należy zadać sobie pytanie: jaka przyszłość czeka ową teologię? Przekształci się w marksizm, w walkę klasową, czy też w wyzwolenie chrześcijańskie, które jest miłością, solidarnością, podstawowym wyborem na rzecz ubogich?

Ojciec Święty powiedział jeszcze: „Jeśli przyjmą mnie obecnie w antyklerykalnym kraju, jak będą mogli zabronić mi powrotu do Polski? Czy władze komunistyczne będą mogły odmówić mi?".

Tak celem pierwszej podróży nowo wybranego Papieża poza granice Włoch był Meksyk. I dobrze się stało. Ze względu na wspaniałą reakcję meksykańskich katolików, którzy uwolnili się wreszcie od długotrwałego, bolesnego poczucia, że są mniejszością. Ale także dlatego, że Jan Paweł II, poznając z bliska realia Ameryki Łacińskiej, nauczył się „języka" wyzwolenia i odkrył jego prawdziwe oblicze. To z tego doświadczenia wywiódł „społeczne" treści pontyfikatu.

Zaczęło się od wielkiej radości, która wybuchła w chwili lądowania w stolicy, w Meksyku. Na ulice wyległy niezliczone tłumy. Wtedy po raz pierwszy rozległ się rymowany okrzyk, który zasłynie na całym świecie: Juan Pablo Segundo, te quiere todo el mundo *(„Janie Pawle Drugi, kocha Cię cały świat"). Zaskoczony i szczęśliwy Karol Wojtyła poddał się entuzjazmowi ludu. Odpowiadając na spontaniczność wiernych – sam zaczął improwizować, rozmawiając w języku, w którym nie był biegły.*

W Kolegium świętego Michała zaplanowane było spotkanie wyłącznie z uczniami szkół katolickich. Tymczasem przybyły dziesiątki tysięcy młodych ludzi. Widząc taki tłum, Ojciec Święty rzucił okiem na przygotowany do wygłoszenia tekst i stwierdził, że nie był on odpowiedni dla tak licznego zgromadzenia. Nie miał też zaufania do swojego hiszpańskiego, który zaczął powtarzać zaledwie przed dwoma miesiącami. Zwrócił się więc do prałata Santosa Abrila z Sekretariatu Stanu: „Będę mówił po włosku, a ksiądz przetłumaczy". Potem zaś, widząc rozentuzjazmowaną młodzież, sam zaczął przemawiać po hiszpańsku. Wspominają to przemówienie po dziś dzień.

Najbardziej znaczącym momentem było oczywiście przemówienie Papieża w Puebli, skierowane do całego episkopatu Ameryki Łacińskiej. Miało ono charakter bezkompromisowy w doktrynalnych twierdzeniach na temat Chrystusa (który nie jest „rewolucjonistą z Nazaretu") i Kościoła (który nie może być ograniczany do roli podpory społeczno-politycznego ruchu ludowego). Z drugiej strony było bardzo otwarte na problemy społeczne: „Kościół chce pozostać wolny wobec wrogich mu systemów, skupiając się wyłącznie na człowieku".

W opinii biskupów i wielu teologów słowa te były znamienne i w pewnym sensie nowatorskie. Ojciec Święty bronił godności Kościoła, jego niezależności od systemów polityczno-gospodarczych i od rządów. Nie dlatego, że Kościół miałby stanowić tzw. trzecią drogę pomiędzy ideologią marksistowską a liberalną, ale dlatego, że w imię Ewangelii domagał się prawa do oceny, czy rozmaite programy polityczne są zgodne z Bożym planem przygotowanym dla ludzkości.

Kościół chciał służyć człowiekowi. Pragnął, by był on wolny od wszelkich form przymusu, ucisku, niesprawiedliwości, wolny w wyznawaniu wiary w Boga. W tym przejawia się właśnie „wybór na rzecz człowieka"!

Zagadnienie to powróciło w Oaxace i Monterrey. W Cuilapan, w stanie Oaxaca, Papież spotkał się z Indianami i z campesinos. Ojciec Święty, po przeczytaniu poprzedniego wieczora słów powitania, które miał skierować do niego przedstawiciel Indian, oskarżył w swym przemówieniu tych, którzy rodzinom odmawiali chleba: „Jest to niesprawiedliwe, nieludzkie, niechrześcijańskie...". W Monterrey, miejscu wizyty, o którym zadecydowano w Meksyku, przemówienie napisano w ostatniej chwili. Do świata robotników Papież skierował mocne słowa przeciw wielkim przemysłowcom wykorzystującym swoich pracowników oraz przeciw polityce gospodarczej rządu.

Te dwa przemówienia posłużyły dziennikarzom do przeciwstawienia Papieża „opiekuna Trzeciego Świata" Papieżowi „fundamentaliście" z Puebli, a zarazem do przedstawienia podróży do Meksyku jako zwiastuna przełomu, a wręcz „polonizacji" Kościoła powszechnego.

Chcę zaznaczyć, że Ojciec Święty nigdy, ani wtedy, ani potem, nie poddawał się wpływom krytyki, zwłaszcza gdy były one skutkiem uprzedzeń lub traktowały go instrumentalnie. Całą swą siłę czerpał z modlitwy, ze spotkania z Panem. Podążając śladami Ewangelii wiedział, jaką drogą prowadzić Kościół: zmierzając prosto i nie oglądając się ani na prawo, ani na lewo. Zawsze i we wszystkim naśladował Chrystusa, starając się być dobrym pasterzem dla swej owczarni. Był człowiekiem wolnym, wolnym wewnętrznie, co zapewniało mu poczucie spokoju.

Zachowawczy? Tradycjonalista?

Takie głosy krytyki wynikały z założenia, że Papież, który pochodził z Polski, nie mógł być inny. Cóż za absurdalne uproszczenia! Cóż za powierzchowne, obraźliwe oceny! A jednak to prawda, że w pewnych kręgach na Zachodzie zakorzenił się tzw. kompleks wyższości. Niektórzy uważali, że ze Wschodu nie może być nic dobrego, gdyż żyją tam obywatele drugiej kategorii.

Zachowawczy? Tradycjonalista? Co to oznacza?!

Jan Paweł II był tradycjonalistą w kwestiach, które należało nakreślić w sposób tradycyjny. W Kościele Tradycja stanowi niezwykle istotny element. Posiadamy przecież dwa źródła Objawienia: Pismo Święte i Tradycję. Poza nimi jest też tradycja teologiczna, istnieją tradycje narodowe, kultura, Kościół. Naród pozbawiony korzeni usechłby niczym drzewo. Ojciec Święty starał się pielęgnować korzenie chrześcijańskiej Europy i troszczyć się o nie.

Zachowawczy? Tradycjonalista?

Należałoby powtórzyć to samo odnośnie do problematyki moralnej. Karol Wojtyła był tu człowiekiem bardzo nowoczesnym, co ukazał już w swej pierwszej książce „Miłość i odpowiedzialność". Przedstawił w niej personalistyczną koncepcję miłości, poruszył kwestię seksualności w jej najbardziej kontrowersyjnych aspektach, jak wymiana przyjemności pomiędzy żoną a mężem w akcie seksualnym, wstyd przed nagością, kobieca oziębłość, nierzadko wypływająca z męskiego egoizmu. Jako biskup pisał o tym w sposób niewątpliwie odważny, a zarazem na płaszczyźnie naukowej bardzo nowatorski.

Pozostał nowoczesny również jako papież. Objawiało się to w argumentacji, w podejściu do różnych zagadnień, a przede wszystkim w nowym spojrzeniu na naukę społeczną. Tam gdzie należało, był postępowy. Tam gdzie to było niezbędne, pozostawał tradycjonalistą, we właściwym znaczeniu.

Papież nigdy nie był przekonany o słuszności „prawd", które w tamtym czasie władały światem i historią. Na przykład nie podzielał opinii, że współczesnego człowieka miałaby czekać przyszłość pozbawiona wymiaru duchowego i że ostatecznym celem procesu sekularyzacji miałoby być wyeliminowanie religii, a co najmniej ograniczenie jej do zakrystii i do własnego sumienia. Przewidywano, że młode pokolenie definitywnie oddali się od wiary, od Kościoła. Jan Paweł II nigdy nie dał się przekonać, że Europa na zawsze pozostanie podzielona, rezygnując z tradycji jedności, która przecież wyrosła z wiary chrześcijańskiej.

Może to właśnie nonkonformistyczne nastawienie nowego Papieża zaczęło wprowadzać niepokój do polityki, dyplomacji międzynarodowej i do wciąż podzielonego świata religii.

13
Codzienność Papieża

Jak żyje papież w Watykanie? Jak upływa jego codzienność? Czy udaje mu się pogodzić czas modlitwy z rytmem pracy? Potrafi znaleźć odrobinę prywatności w pełnieniu funkcji, która zawsze pozostaje publiczna, bo przecież wiąże się z odpowiedzialnością głowy Kościoła powszechnego?

Chciałbym opowiedzieć o Janie Pawle II, ponieważ wszystkie te lata spędziłem u jego boku. Pozwolę sobie jednak rozszerzyć zakres naszej rozmowy, nawiązując również do ostatnich papieży. Watykan jest „strukturą", która oczywiście narzuca pewne zasady i określone zachowanie, obowiązujące również papieży. A jednak każdy z nich swą osobowością potrafił odmienić sytuację, dyktując wielkiej watykańskiej „machinie" własny styl bycia, nie tylko na płaszczyźnie duchowej, ale także ludzkiej.

Karol Wojtyła radził sobie z tym doskonale, o czym przekonałem się osobiście. Na początku, niewątpliwie, była w nim pewna tęsknota do przeszłości nacechowanej większą swobodą i mniejszym rygorem protokolarnym. Szybko jednak dostosował się do nowej roli. Ktoś mógłby się wręcz zastanawiać, gdzie odbył taką „praktykę". Oczywiście żartuję. Będąc papieżem, zachował jednak swój dawny styl bycia. Opowiem może o pierwszym okresie, kiedy to Ojciec Święty miał pewne trudności z przystosowaniem się nie tyle do samego „zamknięcia" w murach Watykanu, co do konieczności pozostawania tam przez dłuższy czas.

Wycieczki poza Rzym, zwłaszcza w góry, były dla niego, jak sam to określał, „darem", okazją do rozmyślań, a przede wszystkim do modlitwy. Tamta sceneria harmonizowała z jego duchowością. W górach kontemplował dzieła Pana, powierzał się ich Stwórcy. W czasie posiłków naturalnie gawędziliśmy, a po jedzeniu ponownie ruszał w drogę, samotnie, na wiele godzin. Mówił, że w ten sposób przebywa w obecności Boga. Znajdował czas na lekturę, a nawet na przygotowywanie różnego rodzaju tekstów. Sprawiał wrażenie, że podczas tych wycieczek odzyskiwał siły.

Takich „wypadów" było ponad sto, głównie w region Abruzji. Z założenia nikt o nich nie wiedział, ani w Watykanie, ani pośród dziennikarzy.

Za pierwszym razem zorganizowaliśmy, że tak powiem, „ucieczkę". Od jakiegoś czasu pragnęliśmy, aby Ojciec Święty nie tylko jeździł na nartach, ale aby mógł przyjrzeć się życiu codziennemu innych ludzi. Postanowiliśmy spróbować. Nie pamiętam, kto wpadł na ten pomysł, pewnie zrodził się on podczas rozmowy przy stole. Ksiądz Tadeusz Rakoczy (dziś biskup diecezji bielsko-żywieckiej), który znał okolice, gdyż jeździł tam na nartach, zasugerował miejscowość Ovindoli. Dla pewności, dwa czy trzy dni wcześniej, wraz z księdzem Józefem Kowalczykiem (obecnym nuncjuszem apostolskim w Polsce) udał się „na zwiady", aby uniknąć niespodzianek.

Jeśli dobrze pamiętam, było to 2 stycznia 1981 roku. Wyruszyliśmy około dziewiątej rano samochodem księdza Józefa, żeby przy wyjeździe z pałacu w Castel Gandolfo nie zwrócić na siebie uwagi stojących na warcie gwardzistów szwajcarskich. Prowadził ksiądz Józef, obok niego siedział ksiądz Tadeusz z rozłożoną gazetą udając, że czyta, aby „zakryć" siedzącego z tyłu Ojca Świętego. Ja siedziałem obok.

Ksiądz Józef jechał bardzo ostrożnie, przestrzegał dozwolonej prędkości i zwalniał przed przejściami dla pieszych. Można sobie wyobrazić, co by się stało, gdyby doszło do jakiegoś wypadku lub gdyby popsuł się samochód!

Przejeżdżaliśmy przez różne miejscowości, a Papież zza szyby cieszył się widokiem zwyczajnego codziennego życia. Dojeżdżając do Ovindoli, zatrzymaliśmy się w pobliżu jednej z tras narciarskich, gdzie było zaledwie kilka osób. Tak zaczął się ten cudowny, niezapomniany dzień. Naokoło pokryte śniegiem góry. I wielka cisza, która sprzyjała skupieniu i modlitwie. Ojciec Święty miał nawet okazję pojeździć na nartach. Był zachwycony niespodzianką, jaką mu zgotowaliśmy. W drodze powrotnej, uśmiechając się, powiedział: „A jednak się udało!". Później jeszcze wielokrotnie dziękował nam, wspominając czas tej „wyprawy".

Również przy organizowaniu kolejnych wycieczek staraliśmy się wybierać odosobnione miejsca. Mimo to na niektórych trasach nie zawsze można było uniknąć spotkania ludzi. Tak naprawdę nie było czym się przejmować. Ojciec Święty zachowywał się jak zwyczajny narciarz. Ubrany był jak inni: w kombinezon, czapkę i okulary. Stawał w kolejce wraz z innymi, choć my dla bezpieczeństwa zawsze stawaliśmy obok: jeden z przodu, drugi za nim. Wjeżdżał wyciągiem korzystając ze *ski-passu*.

Wydaje się to nieprawdopodobne, ale nikt go nie rozpoznawał. Któż mógł przypuszczać, że Papież wybrał się na narty?! Jedną z pierwszych osób, które to odkryły, był pewien chłopiec. Myślę, że nie miał więcej niż dziesięć lat.

Było to późnym popołudniem. Ja z księdzem Józefem zjechaliśmy pierwsi. Ksiądz Tadeusz zatrzymał się na zboczu, czekając na Ojca Świętego. W tym momencie poniżej przejechała grupka długodystansowców. Po chwili, wyraźnie w tyle, pojawił się zadyszany ze zmęczenia wspomniany już chłopiec. Zapytał: „Widział ich pan?". Kiedy ksiądz Tadeusz wskazywał mu drogę, on odwrócił się i spojrzał na Ojca Świętego, który w tym momencie dojechał. Zamarł z wrażenia, wytrzeszczył oczy i zaczął krzyczeć: „Papież! Papież!". Na to ksiądz Tadeusz: „Co ty wygadujesz, głuptasie! Pospiesz się, bo ci uciekną...". Chłopiec ruszył w ślady przyjaciół, a my, gdy zjechaliśmy na dół, wsiedliśmy do samochodu, by jak najszybciej wrócić do Rzymu.

Później, gdy ludzie dowiedzieli się, że Papież jeździł na nartach i można go było spotkać na stoku, stwierdziliśmy, że lepiej, by przy tego typu wyjazdach towarzyszyła nam policja watykańska, tzw. *Vigilanza* i samochód z Inspektoratu Policji przy Watykanie, aby nie sprawiać problemu władzom włoskim. Od tej pory jeździliśmy busem, również dlatego, że dołączył do nas Angelo Gugel. Nadal też staraliśmy się wybierać mniej uczęszczane miejsca. Czasem pozostawaliśmy w górach aż do wieczora. Rozpalaliśmy ognisko, przygotowywaliśmy coś do jedzenia, gawędziliśmy, a potem zaczynaliśmy śpiewać.

Powróćmy teraz do Watykanu, aby opowiedzieć, jak wyglądał dzień powszedni Papieża. Pamiętajmy, że Jan Paweł II był perfekcjonistą, pragnął maksymalnie wykorzystać czas i dlatego skrupulatnie planował wszystkie swoje zajęcia: modlitwę, pracę, spotkania, posiłki, które były okazją do porozmawiania z zaproszonymi gośćmi, oraz odpoczynek.

Myślę, że trzeba przypomnieć, jak mieszkał Karol Wojtyła w Watykanie. Prywatny apartament składał się z sypialni i oddzielonego od niej parawanem gabinetu, gdzie stał mały stolik i fotel. Wszystko było bardzo proste, niemalże spartańskie, co odpowiadało osobie takiej jak on, który zupełnie nie przywiązywał wagi do wygód.

Tu, podobnie jak w Krakowie, żył niezwykle skromnie. W sposób skrajny praktykował ubóstwo. Czynił to bez żadnej ostentacji, co wywierało ogromne wrażenie. Nie posiadał nic i nigdy o nic nie prosił. Nie zajmował się sprawami pieniędzy i nie otrzymywał żadnej „pensji" od Stolicy Apostolskiej. Zadaniem Sekretariatu Stanu było regulowanie wydatków, które pochłaniała jego działalność. Można powiedzieć, że jako Papież był „bogaty", ale dla siebie nie miał ani grosza.

Ojciec Święty rozpoczynał dzień wcześnie rano. Wstawał o 5.30, a kiedy był gotów, szedł do kaplicy na poranną adorację, jutrznię i medytację. O 7.00 Msza święta, na której obecni byli zawsze wierni, kapłani czy biskupi, zwłaszcza ci, którzy przybywali z wizytą *ad limina*.

Zaproszeni goście (najwyżej pięćdziesiąt osób) często widywali Papieża klęczącego, z zamkniętymi oczami, w stanie zupełnego zanurzenia w Bogu, prawie ekstazy. Nawet nie zauważał, gdy ktoś wchodził do kaplicy. Niektórzy mówili, że „sprawiał wrażenie, jakby rozmawiał z Niewidzialnym".

Biskupi i kapłani koncelebrowali Mszę świętą. Dla wiernych było to ogromne przeżycie duchowe, do którego Ojciec Święty przywiązywał wielką wagę. Osoby zgromadzone wokół Jezusa w Eucharystii, w obecności Jego Namiestnika na ziemi, w duchu wiary i jedności, zdawały się być całym Kościołem powszechnym. Jakby obecna była tam cała ludzkość, pełna nadziei, ale też i bólu.

To prawda, że sercu Papieża bliskie było cierpienie kobiet i mężczyzn całego świata. Szufladka klęcznika wypełniona była kierowanymi do niego prośbami o modlitwę. Były listy chorych na AIDS i na raka. List matki, która błagała o modlitwę za siedemnastoletniego syna w śpiączce. Listy rodzin będących w trudnej sytuacji. Wiele listów bezdzietnych par, które gdy ich prośba została wysłuchana, pisały do Papieża z podziękowaniem.

Po śniadaniu Jan Paweł II szedł do swego gabinetu. Robił notatki, pisał homilie, kreślił szkice przemówień. Po złamaniu barku zaczął dyktować teksty jednemu z polskich księży, najpierw księdzu Stanisławowi, potem księdzu Pawłowi, który używał przenośnego komputera, a następnie tłumaczył teksty na język włoski. Papież, gdy skończył dyktować, często pytał pomocnika: „Co o tym sądzisz?". Również ten czas przeznaczony na pracę przeplatał modlitwą, a szczególnie aktami strzelistymi. Można powiedzieć, że przez cały dzień nie przestawał się modlić. Nierzadko któryś z sekretarzy szukając Ojca Świętego znajdował go w kaplicy: leżącego krzyżem, całkowicie pogrążonego w swoich modlitwach lub śpiewającego półgłosem podczas codziennej adoracji.

O godzinie 11.00, z wyjątkiem środy, kiedy odbywały się audiencje generalne, rozpoczynały się prywatne i oficjalne wizyty. Przyjmowane były pojedyncze osoby i grupy. Biskupi, głowy państw i szefowie rządów, ludzie świata kultury, osobistości z różnych krajów. Na początku pontyfikatu audiencje przedłużały się nieraz do godziny 14.30. Papież nikogo nie odsyłał, nigdy nie przerywał rozmowy, pozwalał, aby siedząca przed nim osoba powiedziała wszystko, co jej leżało na sercu. Potem, z upływem lat, te spotkania zostały skrócone.

Zbliżał się czas obiadu. Jan Paweł II zawsze zapraszał do stołu inne osoby. Dzięki temu dowiadywał się, co dzieje się na świecie i we wspólnotach chrześcijańskich. Na obiedzie bywali odpowiedzialni różnych kongregacji, którzy dokładnie informowali Ojca Świętego o pracy danej dykasterii. Podobnie, w przypadku przygotowywania podróży apostolskiej lub jakiegoś dokumentu, zapraszano osoby zaangażowane w daną sprawę.

Najczęściej Papież słuchał lub zadawał pytania, zasięgał informacji o określonej sytuacji lub problemie. W czasie posiłku siedział odwrócony plecami do kuchni, przy jednym z długich boków prostokątnego stołu. Naprzeciw zajmowali miejsca goście, jeśli było ich tylko dwóch lub trzech. W przypadku większej liczby zaproszonych osób, zajmowano miejsca także po lewej i po prawej stronie stołu, gdzie zazwyczaj siadali osobiści sekretarze.

Wraz ze mną, na przestrzeni lat, posługę tę pełnili: ksiądz John Magee, Irlandczyk, ksiądz Emery Kabongo pochodzący z Zairu, ksiądz Vincent Trân Ngoc Thu, Wietnamczyk, oraz Polak, ksiądz Mieczysław Mokrzycki, którego zwaliśmy „Mieciem". Chciałbym też przypomnieć imiona sióstr z prywatnego apartamentu, Służebnic Najświętszego Serca Jezusowego: siostra Tobiana, siostra Eufrozyna, siostra Germana, siostra Fernanda i siostra Matylda, wszystkie Polki.

Zwykle jadaliśmy potrawy kuchni włoskiej. Podawano makaron, potem mięso z warzywami, a do picia wodę i odrobinę czerwonego wina. Wieczorem zazwyczaj jakąś zupę i rybę. Jedynie na wielkie uroczystości powracała do łask kuchnia polska i wtedy siostry mogły się popisać: na pierwsze danie barszcz lub jakaś inna zupa; na drugie słynny kotlet z ziemniakami i surówką; potem ciasto, makowiec lub sernik.

Papież jadał niewiele, ale próbował wszystkiego, co podano. Do tego przyzwyczaił się od czasów młodości, kiedy podczas wojny posiłki były bardzo skromne i głównym problemem pozostawało znalezienie kawałka suchego chleba czy kilku ziemniaków. Od tamtej pory Karol Wojtyła nie przywiązywał zbyt dużej wagi do jedzenia. Było jednak coś, co szczególnie mu smakowało: słodycze, zwłaszcza te włoskie. A także kawa: pił ją rano i po południu.

Z upływem lat Ojciec Święty potrzebował dłuższego odpoczynku po obiedzie, czemu towarzyszyła modlitwa. Rzeczywiście, kiedy tylko było to możliwe, właściwie aż do śmierci, wychodził na taras, zarówno latem jak i zimą (wtedy zarzucał na siebie czarną kapłańską pelerynę). To było jego ulubione miejsce. Zatrzymywał się na rozważaniu przed różnymi obrazami, szczególnie przed małym ołtarzem z figurą Matki Boskiej Fatimskiej. Zawsze odmawiał cały różaniec, swoją umiłowaną modlitwę. W każdy czwartek odprawiał godzinę świętą, a w piątki – Drogę Krzyżową, niezależnie od miejsca, w którym się znajdował, nawet w samolocie czy w helikopterze, jak na przykład podczas lotu do Galilei.

Dla niego Msza święta, odmawianie brewiarza, częsta adoracja Najświętszego Sakramentu, skupienie, pacierze, cotygodniowa spowiedź, praktyki religijne (do późnego wieku przestrzegał całkowitego postu) były podstawowymi elementami jego życia duchowego, to znaczy jego ustawicznego trwania w bliskości Boga. Chciałbym powiedzieć, że to absolutnie nie miało nic wspólnego z niezdrową dewocją. On był zakochany w Bogu. Żył Bogiem. Każdego dnia zaczynał od nowa. Zawsze znajdował nowe słowa, aby modlić się i rozmawiać z Panem...

Pod koniec dnia, na wieczornych audiencjach, przyjmował swoich najbliższych współpracowników: w poniedziałki i czwartki sekretarza stanu, we wtorki substytuta, w środy sekretarza drugiej sekcji Sekretariatu Stanu, zwanego przez dziennikarzy „ministrem spraw zagranicznych", w piątki prefekta (od 1981 roku był nim kardynał Joseph Ratzinger) lub sekretarza Kongregacji Nauki Wiary, a w soboty prefekta Kongregacji ds. Biskupów.

Potem nadchodził czas kolacji. Również wtedy przychodzili goście. Przedstawiciele kurii rzymskiej, dyrektorzy biura prasowego i „L'Osservatore Romano"; współpracownicy, z którymi Ojciec Święty przygotowywał szkice przemówień czy plan pracy; przyjaciele przyjeżdżający do Rzymu, jak ksiądz Tadeusz Styczeń, jego następca w katedrze etyki Katolickiego Uniwersytetu Lubelskiego, który spędzał z nim wakacje.

Dom Jana Pawła II był zawsze otwarty. Papież lubił przebywać z ludźmi, słuchał ich, interesował się ich sprawami, poruszał różne tematy. Miał przyjazne kontakty również z włoskimi osobistościami i politykami. Wśród nich był prezydent Republiki Sandro Pertini, blisko związany z Papieżem. Po zamachu na Ojca Świętego pozostał on w klinice Gemelli do zakończenia operacji; często do niego dzwonił, nawet żegnał się z nim, gdy wyjeżdżał za granicę na wakacje. Poza tym należy wspomnieć prezydenta Carla Azeglio Ciampiego i jego żonę Frankę, zawsze zatroskaną o zdrowie Ojca Świętego.

Papież chciał być zawsze poinformowany o wszystkim. Czytał przegląd prasy i „L'Osservatore Romano", a wieczorami oglądał telewizję. Telewizor stał w jadalni, po jego lewej stronie. Śledził pierwszą część wiadomości, ale też niektóre programy nagrane na video, filmy dokumentalne, czasem jakiś film fabularny. Mawiał do mnie: „Pobudzają mnie do refleksji".

Po kolacji zajmował się dokumentami napływającymi z Sekretariatu Stanu, zawsze w tej samej starej zużytej teczce. Potem poświęcał czas na osobistą lekturę. Czytał dzieła literackie, książki, które go zainteresowały. Udawał się do kaplicy na ostatnią rozmowę z Panem. Przed snem, każdego wieczoru z okna swej sypialni spoglądał na Rzym, cały oświetlony, i mu błogosławił. Tym znakiem krzyża nad „swoim" miastem kończył dzień i udawał się na spoczynek.

14

Pod znakiem przemian

Od samego początku, od momentu wyboru Karola Wojtyły jego, pontyfikat był czasem przemian. Po 455 latach został wybrany Papież, który nie był Włochem. Pierwszy Papież-Polak. Pierwszy papież reprezentant słowiańskiego katolicyzmu.

Tradycja wyboru włoskich papieży była już w pewnym sensie przestarzała, nie do utrzymania. U początku przełomu był Sobór Watykański II, który głęboko odmienił wizerunek Kościoła. Kościół przeszedł głęboką odnowę, nie ograniczał się już wyłącznie do definicji bycia uniwersalnym, podczas gdy w rzeczywistości zachowywał charakter czysto europejski, zachodni. Stał się Kościołem, który swoją misję bycia powszechnym realizował w praktyce.

Warto pamiętać, że została przełamana tradycja, która przetrwała prawie pół tysiąca lat.

Niektórzy obawiali się, że wybór ten spowoduje urazy, uprzedzenia, co mogłoby wywołać nieprzychylną atmosferę wokół nowego papieża. Sam kardynał Wyszyński był tym zaniepokojony. Wiem, że zwrócił się do jednego z włoskich dziennikarzy: „Pomóżcie Wojtyle dać się pokochać...". Na co dziennikarz odpowiedział: „Ależ Eminencjo, już w chwili wyboru Jan Paweł II podbił serca wszystkich!".

Wybór papieża nie-Włocha zwiastował pierwszą radykalną przemianę, zarówno na płaszczyźnie instytucjonalnej, jak i duszpasterskiej. Zasadniczy wpływ miała na to także osoba nowego papieża, jego korzenie, jego ludzka i kapłańska formacja i tragiczne zdarzenia, które jako Polak przeżył najpierw w czasie wojny i okupacji hitlerowskiej, a potem w okresie komunizmu.

Ojciec Święty często nawiązywał do tego publicznie, w swoich przemówieniach. Osobiste doświadczenie dwóch totalitaryzmów, które wstrząsnęły ludzkością w XX wieku, wyraźnie naznaczyło jego życie i posługę biskupią, a przez to jego misję jako głowy Kościoła powszechnego. Tu miała swe źródło trwająca przez cały pontyfikat niestrudzona walka o godność osoby ludzkiej, zaangażowanie na rzecz pokoju i sprawiedliwości na świecie.

Jednym słowem, ten pontyfikat zasadniczo różnił się od poprzednich, już choćby ze względu na okres historyczny i sytuację Kościoła, w jakich się rozwinął. Jan Paweł II zinterpretował rolę Piotra w bardzo osobisty, a poprzez to nowy, oryginalny sposób. Bardziej niż ucieleśnieniem rządów, instytucji (naturalnie nie jest to krytyczna ocena papieży, którzy tak swą posługę pełnili), stał się Papieżem charyzmatycznym, prorokiem, misjonarzem. Jego upór i stanowczość były na tyle spontaniczne i naturalne, że nie wywołały wstrząsów w kręgach kościelnych.

Dokonał, można powiedzieć, „cichej" rewolucji. Ale jednak rewolucji.

Karol Wojtyła był człowiekiem wewnętrznie niezależnym, choć oczywiście prosił innych o współpracę i konsultację. Był uważnym słuchaczem, pogłębiał sugerowane mu idee, dowiadywał się wszystkiego, czytał, ale nie naśladował. Kiedy miał wystarczająco jasny obraz sytuacji, przygotowywał krótką syntezę, po czym na jej podstawie formułował własne myśli i w ten sposób obierał określony kierunek działań.

Ułatwia to zrozumienie relacji, jakie łączyły Jana Pawła II z kurią rzymską, pomaga obalić „mity" o tym, że Papież nie przy-

wiązywał wystarczająco dużej wagi do jej roli, a patrząc z drugiej strony, że kuria potrzebowała sporo czasu, by w pełni zaakceptować Papieża przybyłego z zewnątrz, Papieża o innym spojrzeniu na świat i bieg historii.

Każdy papież rządzi Kościołem i kurią w sposób, który najbardziej odpowiada jego osobowości, wrażliwości, jego wizji wspólnoty Kościoła. Tak też czynił Jan Paweł II. Jego autorytet moralny, jego działanie i przedsięwzięcia wyznaczały linie programu nauczania, który był realizowany z pełnym przekonaniem przez poszczególne dykasterie.

Należy podkreślić, że Papież cenił pracę kurii rzymskiej, a współpracę z nią uważał za niezbędną. Pozostawiał jej dużą swobodę w przygotowywaniu dokumentów, darząc szacunkiem osoby tam pracujące. Ale ostatecznie to on sam podejmował decyzje.

Potwierdza to fakt, gdy po długim i żmudnym procesie aktualizowania kodeksu prawa kanonicznego, przyniesiono Ojcu Świętemu kopię ostatecznej wersji tekstu. Autorzy przekonani byli, że praca została zakończona. Papież jednak wezwał ich do siebie i powiedział, że po trzykrotnym przeczytaniu dokumentu znalazł kilka punktów, do których należy powrócić. W ciągu kolejnych dni krok po kroku przejrzał wraz z nimi cały projekt.

To prawda, Jan Paweł II obrał zupełnie nowy styl bycia papieżem, zwłaszcza w kontaktach z ludźmi, w posłudze duszpasterskiej, w sposobie rządzenia, a szczególnie poprzez podróże, które nadały papiestwu charakter pielgrzymujący, prawdziwie apostolski.

Należy też przypomnieć, że w młodości Karol Wojtyła grał w teatrze, nauczył się sztuki przekazu. Studia filozoficzne i formacja w duchu personalizmu zapewniły mu predyspozycje do relacji z drugim człowiekiem. Szczególną uwagę poświęcał ludziom młodym i małżeństwom. Nowatorski był również charakter jego katechezy otwartej na wątpliwości i na pytania egzystencjalne.

To wszystko w sposób naturalny uczyniło z niego człowieka niezwykle medialnego, choć może on sam nie całkiem zdawał sobie z tego sprawę. Naturalność w gestach, w improwizacji, w opowiadaniu o sobie. Ta naturalność sprawiała, że każdy ze słuchaczy, bliskich i dalekich, czuł, iż zwraca się wyłącznie do niego. Że myśli właśnie o nim.

Przypomina mi się jedna ze środowych audiencji generalnych. Pewien kapłan przyprowadził grupę młodych kobiet, które uwikłane były w prostytucję, a teraz postanowiły radykalnie zmienić swoje życie. Kiedy nadeszła ich kolej, wszystkie wybuchły płaczem. Czuły się zawstydzone. Każda z nich podchodziła do Papieża z oczami pełnymi łez. Ojciec Święty przytulał je i błogosławił.

Karol Wojtyła przygarniał wszystkich z szacunkiem i z miłością. Każda kobieta, każdy mężczyzna – każdy człowiek był dla niego tak samo ważny. Nie z uwagi na pozycję społeczną, na wykonywany zawód czy słynne nazwisko.

Czy rozmawiał z możnymi tego świata, głowami państw czy też ludźmi prostymi, ubogimi, u wszystkich widział taką samą godność. Wszyscy byli dziećmi Boga.

Dziennikarze nazywali go „Wielkim Komunikatorem". Było to niewątpliwie entuzjastyczne i w gruncie rzeczy trafne określenie. Słusznie charakteryzowało Papieża-Misjonarza, który głosił Dobrą Nowinę na wszystkich kontynentach. Czynił to w dzisiejszej rzeczywistości, w konkretnych sytuacjach naszych czasów. I dlatego nie stronił od świata mediów, często z nich korzystał, ale nie stał się nigdy ich więźniem.

Nie obrał żadnej strategii. Karol Wojtyła był człowiekiem prawdziwie autentycznym. Był Pasterzem, który ma ewangelizować. Czyż ewangelizacja nie oznacza „głoszenia Dobrej Nowiny"? A zatem, w przełożeniu na dzisiejszy język, czyż nie oznacza „komunikacji"?

Od początku swego pontyfikatu Jan Paweł II pełnił misję na wzór apostołów. Głosił, „komunikował" wszem i wobec ewangeliczne przesłanie. Nigdy nie łagodził go w obawie, że media uczynią jego wystąpienie „niepopularnym".

Marshall McLuhan twierdził: „Środek jest przesłaniem". Papież odwrócił znaczenie problemu: stosował media jako środek, jako narzędzie, nigdy jako cel. Poznał prawa i zasady, jakimi kierują się mass media, a więc również związane z nimi ryzyko, nigdy jednak im się nie poddał, nigdy nie dał się wykorzystać do celów widowiskowych, medialnych.

Czasem zdawał się postępować wręcz odwrotnie, jak w przypadku drugiego powrotu z polikliniki Gemelli, krótko przed śmiercią, gdy tuż za jego plecami jechał wóz transmisyjny nadający na żywo przekaz telewizyjny z przejazdu do Watykanu. Mieliśmy tu do czynienia z nierozważnym działaniem osób trzecich. Ojciec Święty jedynie uznał obecność kamery telewizyjnej, choć nie była ona przez niego pożądana. Był to jednak wyjątek, który wynikał z dramatycznych okoliczności.

W pamięci zachowuję jeszcze inne obrazy i wspomnienia.

Przypominam sobie, jak w Fatimie Ojciec Święty długo modlił się przed figurą Matki Bożej. Albo w Krakowie, w Katedrze Wawelskiej przez co najmniej trzydzieści minut trwał zatopiony w modlitwie przed grobem świętego Stanisława.

W obu przypadkach kamery telewizyjne zmuszone były pokornie uszanować „milczenie" Papieża. Transmitowały na żywo obrazy bez ruchu, bez dźwięku, w kompletnej ciszy. Przez tak długi czas, niewyobrażalnie długi i cenny z komercyjnego punktu widzenia, pokazywały wyłącznie człowieka w bieli, pogrążonego w modlitwie.

Ojciec Święty nie narzucił telewizji swego „milczenia". Uczynił jedynie to, czego w tamtej chwili wewnętrznie pragnął. A pragnął się modlić.

15

Piotr – Pielgrzym

Był prawdopodobnie człowiekiem, a z pewnością papieżem, który najwięcej podróżował po świecie. Odwiedził największą liczbę państw. Dzięki środkom społecznego przekazu, oglądało go równocześnie co najmniej pół miliarda ludzi. Pokonał dystans odpowiadający trzydziestokrotnemu okrążeniu Ziemi, ponad trzykrotnej odległości z Ziemi na Księżyc.

Ojciec Święty był młody, miał zaledwie pięćdziesiąt osiem lat, chętnie podróżował, co było owocem doświadczenia posługi biskupiej w Krakowie. Poza tym, sytuacja katolicyzmu wymagała nowego spojrzenia na rolę papieża, który będąc Następcą Świętego Piotra, był zarazem – jak przypominał sam Karol Wojtyłą – kontynuatorem misji wielkiego podróżnika, jakim był święty Paweł. A wszystko zaczęło się od zaproszenia do Meksyku.

Jan Paweł II natychmiast je przyjął. „Nie możemy czekać na wiernych na placu świętego Piotra, musimy do nich wyjść", mawiał. Ile osób ma możliwość przyjazdu do Rzymu na spotkanie z Ojcem Świętym? Uważał, że obowiązkiem papieża i Kościoła jest poszukiwanie człowieka, tak jak czynił to Chrystus, przemierzając Ziemię i nauczając wszystkie narody. Działalność apostolska Jana Pawła II była swego rodzaju wędrownym nauczaniem.

Po Meksyku przyszła kolej na Polskę. Potem zaś, zgodnie z porządkiem napływających zaproszeń, była Irlandia, USA, ONZ i Turcja. Już pierwsze podróże jasno ukazały założenia tego pontyfikatu, który miał charakter misyjny. Miał zmierzyć się ze światem komunistycznym, ale także ze społeczeństwem liberalnym, podjąć działania na rzecz ekumenizmu i dialogu między religiami.

Tym, co zaskoczyło mnie nawet bardziej niż Ojca Świętego, było powitanie na lotnisku w Ankarze. Takie nieme, całkiem formalne. Ulice świeciły pustkami. Tak duża różnica w stosunku do wcześniejszych podróży. Może nie powinno to dziwić, jeśli się wie, że Turcja to kraj laicki, a jednocześnie prawie w stu procentach muzułmański. Tak czy inaczej, chodziło o ważną podróż. Papież mógł spotkać się z prawosławnym patriarchą Konstantynopola i nawiązać pierwszy kontakt z islamem.

Powoli kształtowała się nie tylko strategia, lecz również głęboki i nowatorski sens pielgrzymek do „żywego sanktuarium ludu Bożego", jak mawiał Jan Paweł II. Podróże nabierały coraz bardziej systematycznego i instytucjonalnego charakteru i stawały się integralną częścią papieskiej posługi i nauczania.

Katolicyzm zyskiwał, ukazując swoją uniwersalność i sprzyjając rozwojowi ducha misyjnego. Zacieśniały się relacje Stolicy Apostolskiej z lokalnymi Kościołami, które wzmacniały się i coraz bardziej jednoczyły. Często po pielgrzymce Ojca Świętego notowano większą liczbę powołań kapłańskich (jak w przypadku Europy Wschodniej i Afryki) oraz nawróceń (w Korei Południowej, gdzie przecież dominuje buddyzm i konfucjanizm). Niekiedy towarzysząca temu wydarzeniu atmosfera duchowa angażowała cały naród i w pewnym sensie przemieniała jego oblicze.

Papież odprawiał Msze święte na placach, stadionach, na lotniskach, przyciągał coraz liczniejsze tłumy młodych. Coraz swo-

bodniej czuł się „poza domem". Co więcej, bardziej poza granicami Włoch niż w apartamentach watykańskich zdawał się być naprawdę sobą. „Każdego dnia kroczę drogą duchowej geografii. Moja duchowość ma trochę geograficzny wymiar" – mawiał.

Jan Paweł II miał zawsze pod ręką duży atlas geograficzny, na którym zaznaczone były kraje i diecezje całego świata. Znał na pamięć nazwiska biskupów każdej z nich. Kiedy przybywali na audiencję, nie musieli mu nawet przypominać, skąd pochodzą.

Były też głosy krytyki: mówiono, że papieskich podróży jest zbyt wiele, że mają zbyt polityczny charakter i są zbyt kosztowne.

Była to złośliwa krytyka ukierunkowana na osiągnięcie własnych celów przez krytykujących. Papież, który samą swoją obecnością doprowadzał do kryzysu różnych ideologii, po prostu stawał się niewygodny. Próbował wyjaśniać motywy swych decyzji. Mówił, że idzie za głosem Opatrzności, która czasem skłaniała go do przekroczenia barier. Pewnego dnia widziałem, jak faktycznie się zdenerwował.

W Tajlandii odwiedził jeden z dziesięciu ogromnych obozów dla uchodźców z południowo-wschodniej Azji. Zwrócił się wtedy z gorącym apelem do wspólnoty międzynarodowej, aby wzięła na siebie odpowiedzialność za rozgrywający się tam dramat. W samolocie pewien dziennikarz powiedział: „Wasza Świątobliwość poruszył polityczny problem uciekinierów...". A on na to rozgniewanym głosem: „To jest problem ludzki! Ludzki! Nie polityczny! Sprowadzanie go do kwestii politycznej to pomieszanie pojęć. Podstawowym wymiarem człowieka jest wymiar moralny!".

Rozpoczął się okres wielkich pielgrzymek. Afryka, Azja, Ameryka Łacińska, kraje naznaczone biedą, niesprawiedliwością, nikczemnie wykorzystywane przez bogatą Północ. Miejsca, jak wyspa Gorée w Senegalu, gdzie doszło do zbrodni na milionach czarnoskórych, zakutych w kajdany i deportowanych na kontynent amerykański.

Wieczorem, po wizycie na wyspie niewolników, Ojciec Święty nie przestawał o tym mówić. Był przerażony i zaniepokojony, szczególnie sytuacją biednych dzieci, ofiar handlu. Nie mógł zrozumieć, jak osoby dopuszczające się tak okrutnych zbrodni mogą określać się mianem chrześcijan.

Ileż wspomnień!

W Czadzie, przejeżdżając w kolumnie samochodów papieskiego orszaku drogą na obrzeżach Sahelu, natknęliśmy się na małą wioskę, złożoną dosłownie z kilku nędznych chat. Ojciec Święty poprosił, żeby się zatrzymać, wszedł do jednej z nich i porozmawiał z domownikami. Pragnął zobaczyć. I zrozumieć. Może ze względu na to, co zobaczył, z tak wielką mocą zaangażował się w przemówienie, w którym przypomniał światowej wspólnocie państw obowiązek pamiętania o Afryce.

W Brazylii zaprowadzono Papieża do przerażająco ubogiej *faveli*. Pamiętam jego wzrok. Zrozpaczony, rozglądał się wokół, nie wiedząc, jak w tym momencie mógłby zaradzić cierpieniom. Nagle zdjął z palca papieski pierścień i podarował go tamtym ludziom.

Również w Brazylii, o ile pamiętam w Teresinie, podczas Mszy świętej albo liturgii słowa, kiedy odmawiano modlitwę *Ojcze Nasz,* Papież dostrzegł transparent z napisem: „Ojcze Święty, naród jest głodny". I zaczął modlić się: „Chleba naszego powszedniego daj dzisiaj temu ludowi, który cierpi głód". Podczas pierwszej wizyty w Brazylii, po bezpośrednim zetknięciu się z jej dramatyczną rzeczywistością, Papież zmienił ponad połowę przygotowanego w Rzymie przemówienia, które miał skierować do episkopatu.

W Kolumbii, w Popayán, odbyło się spotkanie z Indianami. Wódz zaczął czytać pierwotnie przygotowaną, nieocenzurowaną wersję powitania. Mocne słowa padły pod adresem właścicieli, którzy mordowali tubylców, również kobiety i dzieci. W pewnej chwili jeden z księży wskoczył na podwyższenie i zabrał mu mikrofon, ale Jan Paweł II pozwolił mu mówić dalej. Pomyślałem wtedy, że taki gest był bardziej wymowny niż sto przemówień.

W 1982 roku dwa kraje, Anglia i Argentyna, walczyły ze sobą o przejęcie Falklandów.

Ojciec Święty przebywał z wizytą w Wielkiej Brytanii. Podróż ta była co prawda zaplanowana dużo wcześniej, ale rząd argentyński wtedy zaprotestował. I tak, w ciągu dwudziestu czterech godzin, został zorganizowany kolejny wyjazd.

Zaledwie osiem dni później Papież znalazł się ponownie na pokładzie samolotu, tym razem lecącego do Buenos Aires. Czas lotu tam i z powrotem (z międzylądowaniem w Rio de Janeiro) zajął dwadzieścia dziewięć godzin, podczas gdy pobyt na argentyńskiej ziemi jedynie dwadzieścia osiem godzin. Wystarczająco dużo, by zabrzmiało przesłanie pokoju, niezbędne dla uniknięcia zaostrzenia konfliktu.

Były też podróże do krajów umęczonych wojną domową, jak na przykład Angola i Timor Wschodni. Do krajów, które niedawno wyszły z bratobójczych konfliktów, jak Liban i Bośnia.

W kwietniu 1997 roku Papież udał się do Sarajewa. Miał tam pojechać już trzy lata wcześniej. Tamtym razem jednak organizatorzy pielgrzymki dali mu do zrozumienia, że sytuacja nie jest jeszcze unormowana i istnieją obawy o jego bezpieczeństwo. On na to odparł: „Dla Papieża ryzyko jest czymś normalnym. Jeśli ryzyko ponoszą misjonarze, biskupi, nuncjusze, dlaczego Papież nie miałby tego czynić?".

Kiedy już wszystko było przygotowane, przekazano mu słowa generała Rose, komendanta sił NATO w Sarajewie, który zupełnie szczerze wyznał, że może chronić Papieża, ale nie jest w stanie zapewnić bezpieczeństwa wiernym. W tym momencie Ojciec Święty zrezygnował z podróży. „Nie można wystawiać na próbę życia nawet jednej osoby!".

Jan Paweł II nigdy się nie cofał. Pojechał do krajów nastawionych wrogo, jak w przypadku sandinowskiej Nikaragui, i do tych pozbawionych wolności, dręczonych przez reżim, jak liczne państwa afrykańskie, jak Chile Pinocheta czy Kuba Fidela Castro.

W Nikaragui zorganizowano przeciw Papieżowi kompromitujący protest. Potem dowiedzieliśmy się, że sprowadzono tam nawet techników z Polski, ekspertów w manipulowaniu mikrofonami i bezpośrednimi transmisjami telewizyjnymi.

Ojciec Święty sam stawił czoło prowokacji, stawiając czoło jej autorom. Doszło do niezapomnianej sceny, gdy sandiniści wymachiwali czerwono-czarnymi chorągiewkami, a on z podwyższenia ołtarza odpowiadał im uniesionym pastorałem, który wieńczył krzyż.

Ta prowokacja zadała mu wielki ból. Cierpiał, gdyż sprofanowano Eucharystię, a także dlatego, że sandiniści uniemożliwiali wiernym dotarcie do miejsca liturgii. Tych, którym udało się dotrzeć, zatrzymywano w dużej odległości od ołtarza i od Ojca Świętego, pozbawiając możliwości wysłuchania homilii.

Papież poczuł się lepiej dopiero po powrocie do San José, w Kostaryce, gdzie nocował. Tam czekał na niego niezliczony tłum wiernych, pragnący wyrazić swą solidarność i miłość.

Trudna była również podróż do Chile. Niektórzy wyraźnie próbowali nią manipulować, inni natomiast pragnęli wykorzystać sytuację do zdyskredytowania na płaszczyźnie międzynarodowej reżimu Pinocheta.

W rozległym parku w Santiago, podczas beatyfikacji Teresy de los Andes, opozycjoniści podpalili lonty, na co policja odpowiedziała gazem łzawiącym z ładunkami. Dym dotarł do samego ołtarza. Papież nie przestraszył się, jednak do końca Mszy świętej lękał się o los wiernych, zaniepokojony, że mogłoby dojść do groźnego wypadku.

Dziennikarze poświęcili wiele miejsca temu niegodziwemu zajściu, bardzo niewiele natomiast radosnemu spotkaniu Jana Pawła II z młodymi na stadionie narodowym. *El amor es más fuerte* („Miłość jest silniejsza") – krzyczał. A gdy zapytał, czy są gotowi wyrzec się „bożków" świata, młodzież gromkim krzykiem odpowiedziała „Taaaaak!". I był to chyba początek nowej karty historii Chile.

Wówczas nikt o tym nie mówił, iż Ojciec Święty został niejako „zmuszony" do pojawienia się na balkonie pałacu prezydenckiego. W prywatnej rozmowie zasugerował Pinochetowi, że nadeszła chwila, aby oddać rządy w ręce władz cywilnych. Kilka godzin później rozmawiał z liderami różnych partii, które w tamtym czasie wciąż jeszcze były nielegalne.

Podróże były wydarzeniem przede wszystkim duchowym, stanowiły podstawę odnowy religijnej, w niektórych regionach doprawdy wyjątkowej. Zaś z drugiej strony dawały Janowi Pawłowi II możliwość swobodnego wypowiadania się w obecności przywódców reżimów totalitarnych, zarówno prawicowej, jak i lewicowej formacji. Dawały głos ludziom i narodom, którym zakazane było mówić.

W ten sposób Papież podejmował intensywne działania na rzecz obrony praw człowieka, sprawiedliwości społecznej, pokoju. Można powiedzieć, że towarzyszył procesowi demokratyzacji w Ameryce Łacińskiej, polityczno-kulturalnej emancypacji przynajmniej w niektórych krajach Afryki i Azji, a także schyłkowi komunizmu w Europie Środkowo-Wschodniej.

Upadek Muru Berlińskiego otworzył Ojcu Świętemu drzwi do państw byłego bloku sowieckiego. Pierwsza była Czechosłowacja, potem inne kraje, od Albanii po kraje bałtyckie, od

Bułgarii po Ukrainę, Armenię, Gruzję, Kazachstan i Azerbejdżan, gdzie wspólnota katolików liczy zaledwie kilkuset wiernych.

Papieskie wizyty były często inicjowane przez same głowy państw. Tak było w przypadku Białorusi, choć potem władze odwołały zaproszenie bez jakichkolwiek wyjaśnień. Prezydent Mongolii natomiast zaprosił Papieża słowami: „Przyjedźcie, przyjedźcie prędko, potrzebujemy Was!". Wolność wyznania obejmowała tam już muzułmanów i buddystów, najwyraźniej uważano jednak, że obecność takiego Kościoła, jak Kościół katolicki, przyczyni się do moralnego i społecznego rozwoju narodu.

Szkoda, że nie doszło do podróży do Mongolii. Jan Paweł II planował lądowanie w Rosji, pragnąc przekazać uroczyście ikonę Matki Bożej Kazańskiej, i dalej polecieć do Mongolii. Wielka szkoda, mogła to być doskonała okazja do spotkania Papieża z prawosławnym patriarchą Moskwy, Aleksym II, które wcześniej już dwukrotnie zostało odwołane.

Mimo to, podróże apostolskie sprzyjały niewątpliwie zbliżeniu Kościoła rzymskiego do innych Kościołów chrześcijańskich. Ważną rolę odegrała pokora, z jaką Jan Paweł II podczas swych pielgrzymek wyznawał winy popełnione przez katolików w minionych wiekach.

Pragnę przypomnieć podróż Ojca Świętego do Grecji. Zaprosił go prezydent, natomiast Synod Kościoła prawosławnego, nie ukrywając sprzeciwu, ograniczył się do „nieoponowania". Postawa ta wynikała z wielowiekowych starć, nieporozumień i wzajemnych oskarżeń.

Do zmiany nastroju wystarczyła prośba Papieża o przebaczenie za „zajęcie Konstantynopola", jakiego dopuścili się chrześcijanie Kościoła rzymskiego w czasie czwartej krucjaty. W spojrzeniu Christodoulosa, prawosławnego arcybiskupa

Aten, dostrzegłem zaskoczenie, ale też ogromną radość, której towarzyszyły gromkie brawa.

Następnego dnia nastąpił kolejny moment o głębokim wymiarze ekumenicznym. Po zakończeniu prywatnej rozmowy w nuncjaturze, Ojciec Święty, wychodząc z pokoju w towarzystwie Christodoulosa, zwrócił się do niego i do innych dygnitarzy prawosławnych słowami: „A teraz pomódlmy się modlitwą *Ojcze Nasz*, wy po grecku, my po łacinie". Tak też uczynili. Ta pierwsza wspólna modlitwa stała się pieczęcią pojednania. Od tamtej chwili dwa Kościoły prowadzą ustawicznie braterski dialog.

Papieskie pielgrzymki przyczyniły się również do odnowienia relacji z Żydami i z islamem, mimo wielu przeszkód i komplikacji. Wizytę w rzymskiej synagodze, pierwszą wizytę rzymskiego papieża w synagodze, uznać można za najkrótszą, oddaloną zaledwie o kilka kilometrów od Watykanu, a zarazem najdłuższą, obejmującą dwadzieścia wieków historii, podróż głowy Kościoła katolickiego. Podobnie wizyta w meczecie w Damaszku, pierwsza wizyta rzymskiego papieża w meczecie, jest owocem odważnej podróży zwierzchnika Kościoła do trudnego kraju.

Prawdą jest, że niektóre państwa, jak Chiny czy Wietnam, nie zechciały otworzyć swych drzwi, że bolesne były negatywne odpowiedzi ze strony Rosji i Iraku. Trzeba jednak przypomnieć, że podróże Jana Pawła II nie tylko głęboko naznaczyły poszczególne etapy jego pontyfikatu, ale także zawiązały nić porozumienia, zbudowały „pomost" pomiędzy Północą a Południem, Wschodem i Zachodem świata. Skróciły odległości geograficzne i kulturalne, podważyły bariery ideologiczne i polityczne. Przede wszystkim zaś zbliżyły do siebie ludzi i narody, pomogły im żyć wartościami braterstwa i pojednania oraz pozwoliły odkryć, że łączy ich wspólny los.

16

Biskup Rzymu

Odkrył Rzym już jako młodzieniec, tuż po święceniach kapłańskich. Wysłał go tam jego arcybiskup w celu ukończenia studiów. Karol Wojtyła szybko poznał to miasto, zrozumiał jego ducha i pokochał, chłonąc jego uniwersalny wymiar, który na zawsze zapadł mu w serce.

Kiedy został wybrany na stolicę Piotrową, czuł się w pełni „rzymianinem". Nie monarchą czy głową państwa, ale biskupem Rzymu.

Ojciec Święty głęboko żył tym faktem i często przywoływał go w swych przemówieniach. Pełnił posłannictwo papieża, głowy Kościoła katolickiego, kierując jednocześnie, jako Następca świętego Piotra, diecezją Rzymu. Stąd czerpał siłę do pełnienia misji Pasterza Kościoła powszechnego, a nie odwrotnie. I pragnął, aby Rzym był wzorem dla innych diecezji, Kościołem samodzielnym, a nie po prostu dodatkiem do Watykanu.

Dla Jana Pawła II funkcja biskupa Rzymu nie wiązała się jedynie z tytułem, ale z rzeczywistą posługą, z wypełnianiem związanych z nią zadań. Już na początku dał temu wyraz. Podczas pierwszego spotkania z Radą Biskupów (z Ugo Polettim, kardynałem – Wikariuszem Rzymu i z biskupami pomocniczymi) ogłosił, że zamierza odwiedzać „swoje" parafie. 3 grudnia 1978 roku, zaledwie czterdzieści osiem dni po wyborze, udał się do kościoła świętego Franciszka Ksawerego, w dzielnicy Garbatella, niedaleko EUR.

Do tej parafii Karol Wojtyła chodził każdej niedzieli w okresie studiów rzymskich. Do papieskich instytutów (Karol Wojtyła mieszkał w Kolegium Belgijskim) zajeżdżał mikrobus i zabierał kapłanów oraz seminarzystów pochodzących z różnych krajów, którzy studiowali w Wiecznym Mieście. Około godziny 9.00 zostawiał ich w poszczególnych parafiach, gdzie pomagali w posłudze duszpasterskiej. W południe zabierał ich z powrotem. Ksiądz Karol jeździł do świętego Franciszka Ksawerego, gdzie, trochę łamanym włoskim, spowiadał wiernych.

Było zimne, grudniowe popołudnie, gdy powrócił tam jako papież, a mimo to czekało na niego całe osiedle, choć wiele osób zmuszonych było pozostać przed kościołem.

Z balkonu plebanii zwrócił się do dzieci, stojących na dziedzińcu świetlicy parafialnej. Pewna młoda dziewczyna z Akcji Katolickiej powitała go bardzo ciepło: „Witaj Bracie pośród nas". A on od razu wczuł się w atmosferę, dopasował do zachowania wiernych, do ich entuzjazmu, mówił z pamięci. A oni nie chcieli, aby ich opuścił.

Rozpoczęła się Msza święta. Wiele osób zaskoczonych było jej „nowatorskim" charakterem. W pewnej chwili Jan Paweł II poprosił wszystkich obecnych tam małżonków, aby chwycili się za ręce i odnowili w obecności biskupa Rzymu przysięgę złożoną w dniu ślubu. Czynił tak już w Krakowie, za każdym razem, gdy odwiedzał jakąś parafię.

Wiele osób, być może także w samym Watykanie, przypuszczało, że wizyta w kościele na Garbatelli była swego rodzaju „pożegnaniem" z dotychczasowym życiem, z długim doświadczeniem duszpasterskim w Polsce. Teraz przecież nowy papież miał poświęcić się służbie Kościołowi powszechnemu. Spodziewano się, że takie zachowanie będzie powtarzać się rzadko.

Był to tymczasem początek prawdziwego pielgrzymowania, wizyt duszpasterskich w diecezji rzymskiej. To właśnie poprzez doświadczenie życia parafialnego Ojciec Święty miał możliwość jeszcze lepiej poznać Wieczne Miasto i podbić jego serce.

Jan Paweł II podróżował po świecie, a po powrocie z męczących pielgrzymek odwiedzał kolejne parafie. Przynajmniej piętnaście parafii rocznie. Było to ciągłe, systematyczne zajęcie, przerywane jedynie w wyjątkowych sytuacjach, takich jak podróże, w momentach trudnych, jak zamach, problemy zdrowotne i wypadki. Kontynuował je również w czasach, kiedy choroba znacznie nadwątliła jego siły fizyczne.

Każdą wizytę poprzedzało środowe spotkanie na obiedzie z proboszczem i jego współpracownikami, którym towarzyszył kardynał Wikariusz Rzymu (początkowo kardynał Ugo Poletti, potem Camillo Ruini) oraz biskup pomocniczy danego rejonu. Przygotowywali raport na temat parafii, wiernych, modelu duszpasterstwa i napotykanych trudności. Ojciec Święty zadawał pytania, dowiadywał się, pragnął mieć pełny i szczegółowy obraz ludu Bożego.

W niedzielę Papież udawał się do parafii, aby osobiście poznać ludzi, szczególnie zaś rodziny. Rozmawiał z młodzieżą, z dziećmi. Pewnego dnia, jedno z nich, z odrobiną przekory, przypomniało mu wynik meczu piłkarskiego: „Wasza Świątobliwość, Włochy-Polska 2:0". Inne dało mu swój numer telefonu mówiąc: „Jeśli będziesz miał ochotę, możesz do mnie zadzwonić". Pragnęli wszystko o nim wiedzieć: dlaczego chciał zostać księdzem? Czy trudno jest być papieżem? Czy cieszy się, że nim jest? On odpowiadał, wyjaśniał, opowiadał.

Szczególną troską otaczał studentów. Zawsze powtarzał, że od ukształtowania młodych pokoleń zależeć będzie przyszły stan społeczeństwa i narodu. Dlatego też, na samym początku, zaniepokojony był brakiem właściwej opieki duszpasterskiej nad młodzieżą akademicką. Stąd zrodził się pomysł dorocznych spotkań ze studentami szkół wyższych.

Poza wizytami w parafiach Rzymu (było ich ponad 300, więc zdołał odwiedzić prawie wszystkie), odbywały się spotkania z kapłanami, procesja Bożego Ciała, modlitwa na placu Hiszpańskim w uroczystość Niepokalanego Poczęcia Najświętszej Maryi Panny, Te Deum *na zakończenie roku oraz okresowe spotkania z przedstawicielami władz.*

W ten sposób, dzień po dniu, Papież wnikał coraz głębiej w realia Rzymu: poznawał jego aspekt religijny, duchowy, ale także społeczny, kulturalny i polityczny. Potępił postępujący proces dechrystianizacji oraz stopniowy upadek godności ludzkiej i samego miasta. „Istnieją tu zaułki przypominające Trzeci Świat" – wykrzyknął kiedyś poruszony tym, co zobaczył na obrzeżach miasta.

Pewnej niedzieli wybrał się do parafii świętego Pawła od Krzyża i odkrył to, co w Rzymie określane jest mianem *Serpentone*, wielkiego węża. To długa, prawie kilometrowa konstrukcja, w której wegetują tysiące osób pozbawione opieki społecznej, otoczone przemocą i narkotykami do tego stopnia, że nawet policja nie miała odwagi tam interweniować.

Ojciec Święty był poruszony. Pytał, jak można żyć w taki sposób. Uciekał w ironię rozmawiając z radosnym, szczęśliwym tłumem. W momencie pożegnania zwrócił się jeszcze raz do tych ludzi: „Do Was, mieszkańców tego..." – zawiesił głos szukając odpowiedniego wyrażenia, potem rzekł – „...tego arcy-budynku".

Rzym był miastem zeświecczonym, laickim. Należało pomyśleć, jak odbudować chrześcijańską tkankę społeczności. Aby sprostać temu wyzwaniu, trzeba było znaleźć nowe kierunki, nowe narzędzia. Papież ogłosił Synod w celu wprowadzenia w życie nauki soborowej w różnych dziedzinach duszpasterskich. Promował tzw. misję miejską, żeby wierzący przestali być anonimowi, aby wyszli z „ukrycia", w którym zaszyli się w obrębie parafii, aby Kościół nabrał misyjnego rozmachu.

Zaangażowaniu religijnemu, duchowemu towarzyszyło równoczesne zainteresowanie się problemami społecznymi.

Pewnej niedzieli przewidziano wizytę w północnej części miasta, w sercu Tiburtiny, dzielnicy przemysłowej. W tamtym okresie pojawił się projekt przeniesienia w inne okolice niektórych firm, zwłaszcza małych przedsiębiorstw, co pociągało za sobą ryzyko pozbawienia zatrudnienia tysięcy rodzin, które tam żyły i pracowały. Ojciec Święty znalazł się pośród właścicieli i robotników, którzy ramię w ramię walczyli o wspólne dobro. Wysłuchał ich i otwarcie wyraził swoje poparcie.

Wizyta na Kapitolu, w połowie stycznia 1998 roku, była jeszcze jednym potwierdzeniem szczególnego zainteresowania Karola Wojtyły dla Rzymu. Była też potwierdzeniem jego wieloletniego działania na rzecz pobudzenia świadomości rzymian o wielkiej roli, jaką miasto może odgrywać na szczeblu międzynarodowym. Co zresztą, na płaszczyźnie duchowej, wyraźnie ukazał Jubileusz Roku 2000.

Potrzebny był papież nie-Włoch, papież z Polski, aby przypomnieć, że czytane od końca słowo ROMA – Rzym, znaczy AMOR – Miłość.

17
Trzęsienie ziemi

Polska nie wierzyła własnym oczom, gdy Karol Wojtyła stojąc w specjalnym odkrytym biało-żółtym samochodzie zwanym papamobile *przemierzał ulice Warszawy. Z okien domów leciał deszcz kwiatów, a ludzie bardzo wzruszeni płakali.*

Kiedy samolot zniżał się do lądowania, Jan Paweł II widział przez okienko, jak Ojczyzna się przybliża. Był skupiony, wzruszony. Mówił tak cicho, że z trudem słyszałem jego głos. Mówił o podróży jak o obowiązku: „Musiałem odwiedzić Polskę! Muszę wesprzeć Polaków!".

Był pierwszym papieżem, który przekraczał próg komunistycznego kraju. Działo się to w czerwcu 1979 roku, kiedy serce Europy wciąż jeszcze przecięte było żelazną kurtyną, a cały świat był ideologicznie przepołowiony. Porządek międzynarodowy, warunkowany konfrontacją między mocarstwami – USA i ZSRR – opierał się na równowadze terroru, na strachu, że wybuchnie wojna atomowa.

Kreml uczynił wszystko, aby uniemożliwić Janowi Pawłowi II przyjazd do Polski. Od wielu dni Breżniew powtarzał: „Ten człowiek narobi nam tylko kłopotów!". Wobec obiekcji władz w Warszawie, które usiłowały wyjaśnić mu, jak niezręcznie byłoby odmówić zgody na przyjazd Papieżowi-Polakowi, Breżniew wystąpił z zaskakującą propozycją: „Powiedzcie Papieżowi, który jest człowiekiem rozsądnym, aby oświadczył publicznie, że nie może przyjechać z powodu złego samopoczucia".

Rząd moskiewski absolutnie nie chciał, aby doszło do tej podroży. Inny problem miał reżim w Polsce. Święty Stanisław został zabity przez króla tyrana, ponieważ ujął się za swym narodem. Historiografia komunistyczna przedstawiała go jako postać niewygodną, zdrajcę, który wystąpił przeciw królowi i państwu. Reżim był przerażony perspektywą, że papieska wizyta może zbiec się w czasie z obchodami 900-lecia męczeństwa świętego Stanisława. Przesunięcie wizyty na termin jak najbardziej odległy od wzbudzającego obawy 8 maja ułatwiłoby uzyskanie zgody rządu w Warszawie.

Papież odprawił pierwsza Mszę świętą na placu Zwycięstwa, gdzie odbywały się zwykle główne uroczystości państwowe. Na tę Mszę świętą przyszły nieprzebrane tłumy. Kardynał König określił to jako prawdziwe „trzęsienie ziemi". Pozornie nienaruszalny system, który przez ponad trzydzieści lat dzierżył władzę absolutną, narzucając swoje ateistyczne credo, stawał się niemym i bezsilnym świadkiem zachwiania swej ideologii, w pewnym sensie, swego „uroku".

Reżim zdawał sobie z tego sprawę i usiłował zaradzić biegowi wydarzeń. Na swój sposób, oczywiście. Można się było o tym przekonać oglądając w tych dniach telewizję. Ujęcia były tendencyjne, aby ukryć udział niezliczonych mas. Jak się później okazało, wydany został nakaz filmowania wyłącznie kapłanów, sióstr, niepełnosprawnych i staruszków, absolutnie pomijając dzieci i młodych.

2 czerwca wypadał w przededniu uroczystości Zesłania Ducha Świętego, dnia narodzin Kościoła. Był to dzień, który przywoływał na pamięć chrzest Polski, początek chrześcijańskiej drogi na-

rodu. Dlatego Papież powiedział: „Chrystusa nie można wyłączyć z dziejów człowieka w jakimkolwiek miejscu ziemi. Nie można też bez Chrystusa zrozumieć dziejów Polski". Zerwały się gromkie, trwające ponad dziesięć minut owacje. Owacje, które grzmiały jak trzęsienie ziemi. Coraz mocniejsze. Coraz bardziej prowokacyjne. Owacje, których echo docierało z pewnością bardzo daleko.

Nie przesadzę mówiąc, że atmosfera wydawała się nadprzyrodzona. Tak mocna i głęboka była jedność Papieża z polskim narodem. I wreszcie modlitwa do Ducha Świętego wypowiedziana ustami Jana Pawła II, modlitwa, która w tamtym momencie najwyraźniej odnosiła się do uciśnionej Polski. „Niech zstąpi Duch Twój! Niech zstąpi Duch Twój! I odnowi oblicze ziemi. Tej Ziemi!".

Po Warszawie przyszła kolej na Gniezno, kolebkę chrześcijańskiej Polski. „Papież słowiański" – jak określił się za pierwszym razem – pragnął użyczyć głosu narodom krajów ościennych, aby włączyć je na nowo w orbitę wspólnoty międzynarodowej. Pozwolił mówić „Kościołowi milczenia", wyprowadzając go z katakumb, do których był zmuszony zejść. Przede wszystkim zaś głosił duchową jedność Europy, wyrastającej ze wspólnych chrześcijańskich korzeni. Obnażył aluzyjnie układ jałtański narzucony przez Stalina sojusznikom w celu podzielenia kontynentu.

W Gnieźnie Ojciec Święty mówił też o prawach człowieka i narodów. Mówił o solidarności moralnej, nie o tej związkowej, która w tamtym okresie jeszcze nie istniała. Mówił o solidarności między ludźmi. Były to znamienne słowa wsparcia nie tylko dla Polaków, ale też dla wszystkich narodów sąsiednich.

Otwarcie wobec krajów tzw. bloku komunistycznego wywołało popłoch wśród kierownictwa PZPR. Władza była przerażona. Wtedy pojawiły się też pierwsze ostrzeżenia. „Papież, jeśli chce, może poruszać te kwestie, ale nie tutaj, niech o nich mówi poza granicami Polski".

Kardynał Wyszyński był także zaniepokojony, choć naturalnie z innych powodów. Zastanawiał się, w jaki sposób, po wyjeździe Ojca Świętego, układać się będą stosunki z reżimem w zaistniałej sytuacji.

Nie ulegała wątpliwości dokonana przez Jana Pawła II przemiana na styku ze światem komunistycznym. W miejsce wcześniejszych stosunków dyplomatycznych, których założeniem było pozyskanie dla Kościoła większej przestrzeni wolności, Jan Paweł II zastosował strategię na płaszczyźnie religijnej, cywilnej i kulturowej. W rezultacie polityka wschodnia, tzw. Ostpolitik *Watykanu, została zaktualizowana przez wiążące przemówienie na temat poszanowania ludzkich praw. Papież przedkładał dialog z ludami (depozytariuszami spuścizny kultury) oraz z narodami (gwarantującymi tożsamość narodową) ponad rozmowy z państwami i rządami.*

Zachowanie władz w Warszawie nie było zachowaniem Polaków. Nacisk, aby przywiązywać do wizyty papieskiej jak najmniejszą wagę, manipulacje telewizyjne, trudności stwarzane przede wszystkim pielgrzymkom autokarowym – to wszystko nie było polskie, nie odzwierciedlało tradycji polskiej gościnności, zwłaszcza w stosunku do Papieża-Polaka. Na pewno kryły się w tych działaniach naciski Moskwy i Pragi. Obawiano się ogromnie reakcji tzw. Wielkiego Brata.

Komunistyczne władze były coraz bardziej zaniepokojone, zaczynały bowiem rozumieć, że sytuacja wymyka im się spod kontroli. Papież publicznie wypowiadał słowa, które od dłuższego czasu wycofane były przez reżim z obiegu. W Częstochowie w obecności biskupów oświadczył, że poszanowanie praw człowieka stanowi niezbędny warunek do uregulowania stosunków na linii państwo-Kościół, że Polacy powinni myśleć o sobie i o swojej Ojczyźnie w „kontekście europejskim". Chrześcijaństwo miało ponownie zaangażować się w kształtowanie duchowej jedności Europy. „Same racje ekonomiczne i polityczne jej nie ukształtują".

W ten sposób Ojciec Święty dał do zrozumienia, że nigdy nie zaakceptował porządku jałtańskiego i dokonanego tam podziału Europy na dwa bloki. Według niego stanowiło to wielką niegodziwość, której dopuszczono się przy udziale zachodnich potęg.

Przemówienie to, po wypowiedzi z Gniezna, zrodziło dodatkowy niepokój Biura Politycznego KC PZPR. Wzmogły się także protesty, słowa krytyki. Z tego, co pamiętam, przedstawiciele partii ograniczyli się do słów krytyki wobec biskupa Bronisława Dąbrowskiego, sekretarza episkopatu, który utrzymywał z nimi kontakt.

Kilku dziennikarzy powiedziało mi, że w tamtych dniach wzmocniono już i tak silne naciski „kontrolerów", mające skłonić korespondentów prasy międzynarodowej do przyjęcia punktu widzenia reżimu.

Następnym etapem był Auschwitz.

Ołtarz został zbudowany w podobozie Brzezinka, na rampie, obok której zatrzymywały się konwoje z zaplombowanymi wagonami, którymi przywożono Żydów z całej Europy. „Nie mogłem nie przybyć tutaj jako papież", powiedział Jan Paweł II, „przybywam i klękam na tej Golgocie naszych czasów".

Nawiązując do treści tablic upamiętniających ofiary hitlerowskiego szaleństwa, dodał coś nieoczekiwanego. Wspomniał o płycie rosyjskiej dla podkreślenia cierpienia narodu rosyjskiego w walce o „wolność ludów".

To były słuszne słowa uznania. A poza tym, jeśli była okazja, dlaczego nie przyczynić się do złagodzenia atmosfery napięcia?

W końcu Karol Wojtyła dotarł do swojego Krakowa i rozpoczęło się wielkie święto. Ostatniego dnia wizyty, na krakowskich Błoniach zgromadziły się prawie dwa miliony ludzi. Msza święta na zakończenie obchodów jubileuszu świętego Stanisława była liturgią uroczystości Najświętszej Trójcy: oba tematy nawiązywały do podstawowych elementów chrześcijańskiego życia – do dojrzałości, odpowiedzialności, a zatem do sakramentu Bierzmowania.

To tutaj, pomiędzy chrztem w Warszawie a bierzmowaniem w Krakowie zawierał się głęboki sens tej pielgrzymki, jakim było utwierdzenie Polski w wierze chrześcijańskiej. W tej wierze bowiem naród ukształtował swą historię, kulturę, wyrzeźbił swoje dziedzictwo. Było to nawiązanie do korzeni, do rzeczywistości, jaką owo dziedzictwo symbolizowało przez wieki. Było to jednocześnie zaproszenie do wierności tej spuściźnie, do umacniania jej i wyrażania przez nieustanną obronę godności osoby ludzkiej.

Niezapomniane przeżycie! Odnosiłem wrażenie, że działo się coś, czego nie byliśmy w stanie objąć naszym rozumem. Od tej chwili ludzie, u boku Papieża, poczuli się wolni, wewnętrznie wolni. Nie byli już owładnięci strachem. Nie tylko w Polsce, ale również w innych, zwłaszcza sąsiadujących z nami krajach Wschodu, a także w krajach Trzeciego Świata zrozumiano, że Papież samą swoją obecnością dawał poczucie wolności.

To była siła, nowość pontyfikatu Jana Pawła II: wyzwolić ludzi z presji strachu!

Tymczasem kawałek po kawałku rozbierano biały pojazd – papamobile. *Kto wie, może liczono na to, że uda się zniszczyć wszelki ślad pobytu Papieża-Polaka w jego Ojczyźnie...*

18

Rewolucja narodu

W Krakowie, przed wejściem na pokład samolotu udającego się do Rzymu, Papież raz jeszcze pożegnał się z przewodniczącym Rady Państwa Henrykiem Jabłońskim i ucałował w obydwa policzki, wprawiając go tym gestem w duże zakłopotanie. Kilka minut wcześniej, w ostatniej chwili, wplótł w przemówienie pożegnalne bardzo ważne słowa. „To wydarzenie bez precedensu było z pewnością aktem pewnej odwagi z obydwu stron".

Tym zdaniem Ojciec Święty wyrażał swoje zadowolenie z przebiegu wizyty w Polsce. Przede wszystkim zaś pozaprotokolarnym gestem wobec Jabłońskiego pragnął podziękować władzom za okazaną odwagę. Myślę, że odwagą było samo doprowadzenie do wizyty pomimo sprzeciwu kogoś innego...

„Jednakże – kontynuował Papież – naszym czasom potrzebny był taki właśnie akt odwagi. Trzeba czasem odważyć się pójść także w tym kierunku, w którym dotąd jeszcze nikt nie poszedł". W jakimś sensie była to zachęta skierowana do rządu w Warszawie, ale nie tylko do tego rządu, aby wziąć pod uwagę to wszystko, co pozytywnego wydarzyło się w tych dniach. „Czasy nasze domagają się od nas, aby nie zamykać się w żadnych sztywnych granicach, gdy chodzi o dobro człowieka".

Niestety, w nadchodzących miesiącach Warszawa i Moskwa wykazały przyrodzoną nieudolność wyjścia z bezwładu, w którym pogrążony był komunistyczny świat.

Dzięki doświadczeniu wyniesionemu z Polski Karol Wojtyła doskonale znał doktrynę marksistowską i jej konkretne zastosowanie. Nie wierzył w możliwość jakiejkolwiek ewolucji systemu komunistycznego. Nie wierzył również w istnienie komunizmu „o ludzkiej twarzy", gdyż marksizm pozbawia człowieka wolności i ogranicza jego możliwości rozwoju i działania.

Ideologia marksistowska, twierdząc, że religia jest to „opium dla ludu", głosiła ateizm, nie uznawała wolności sumienia ani wyznania. Trudne było zatem pogodzenie punktu widzenia Kościoła z marksizmem i komunizmem.

Po papieskiej wizycie w Polsce zapanowała inna atmosfera, dało się zauważyć powszechne pragnienie odnowy moralnej i społecznej. Opozycja przybierała na sile. Świat robotniczy wysuwał roszczenia o uznanie prawa do strajku. Natomiast reżim nie potrafił odpowiednio zareagować na zaistniałą sytuację, nie stać go było na minimum otwartości. Uciekł się do tradycyjnych metod: siły, zastraszenia, aresztów i procesów skazujących. Wkrótce gorzko za to zapłacił.

Zdarzyło się coś, do czego nigdy wcześniej nie doszło w bloku komunistycznym.

W imię solidarności klasa robotnicza przeciwstawiła się ideologii, która zbyt długo oszukiwała ją, próbując wmówić, że broni w ten sposób interesów pracowników i pragnie doprowadzić do dyktatury proletariatu. Całe społeczeństwo ruszyło do obalenia systemu, który nie reprezentował go nie tylko na płaszczyźnie politycznej, ale przede wszystkim etycznej. Domagało się niezależności i samorządności.

1 lipca 1980...

Było jasne, że coś się wydarzy. Nie było jasne co, ale wiedziano, że dojdzie do jakiejś przemiany. Przychodził na myśl Poznań z 1956 roku – pierwszy protest robotników w Polsce. Pomimo wszystkich ograniczeń, tamten protest dał początek nowej epoce. Zmieniła się atmosfera polityczna, nie powrócono więcej do stalinizmu. Został uwolniony kardynał Wyszyński, a Kościół uzyskał odrobinę przestrzeni dla swojej misji. A przede wszystkim nie zakończyło się, jak w październiku na Węgrzech – interwencją z zewnątrz.

1 lipca 1980 roku, na skutek ponownego wzrostu cen, wstrzymały pracę niektóre działy podwarszawskich zakładów Ursus. Od tego momentu strajki zaczęły zakreślać coraz szerszy krąg, również dlatego, że przestraszone władze straciły głowę. Wobec żądań ekonomicznych zaczęły ustępować dobrowolnie, w niektórych sektorach, najpierw w jednej fabryce, potem w następnej, co jeszcze bardziej wzmagało protesty. Wreszcie kontestacji dotarła do Bałtyku i przybrała permanentny charakter.

W Stoczni Lenina w Gdańsku ogłoszono strajk przeciw „politycznemu" zwolnieniu Anny Walentynowicz, operatora dźwigu z dwudziestoletnim stażem, działaczki niezależnego ruchu robotniczego. Strajk zorganizowany został przez Lecha Wałęsę, elektryka, jednego z najaktywniejszych przedstawicieli tajnego związku zawodowego. Na bramach stoczni pojawił się wizerunek Czarnej Madonny z Częstochowy oraz zdjęcie Papieża-Polaka. Jednak najbardziej szokujące obrazy, które obiegły cały świat, przedstawiały klęczących na bruku robotników: spowiadających się i przystępujących do komunii świętej.

Ojciec Święty, widząc te obrazy, wykrzyknął: „Może nadeszła chwila! Tak, czy inaczej, to rzecz niesłychana! Nigdy czegoś takiego nie było! Robotnicy zareagowali w imię słusznej sprawy, protestując przeciw łamaniu prawa pracy. Czynią to pokojowo! Modląc się! Wyznając wiarę w Boga, w Matkę Bożą! I ufność w Papieża!".

Naturalnie, w krajach laickich, gdzie klasa robotnicza odwróciła się od Kościoła, takie obrazy musiały robić wrażenie.

W Polsce natomiast, pomimo wieloletniego okresu komunizmu i ateizmu, świat pracy nie był rzeczywistością bez Boga. Przeciwnie, w znakomitej większości składał się z ludzi wierzących, praktykujących, i w trudnych chwilach wspierał ludzi Kościoła, jak to miało miejsce w Nowej Hucie.

Tymczasem pracownicy przedstawili swe postulaty i w końcu przybyła delegacja rządowa, aby przeprowadzić rozmowy. Żadna ze stron nie zamierzała ustąpić. Istniało zagrożenie, że sytuacja jeszcze się pogorszy. Wtedy do Warszawy dotarł nakaz z Moskwy: „Podpiszcie! Podpiszcie i połóżcie wreszcie kres tym agitacjom!". Na Kremlu, w Pradze i w innych stolicach krajów satelickich obawiano się, że polska „zaraza" może rozprzestrzenić się na inne regiony imperium, uwikłanego w całą serię problemów.

30 sierpnia podpisane zostało porozumienie w Szczecinie, a 31 sierpnia w Gdańsku. Protokół przewidywał uznanie „wolnych i niezależnych związków zawodowych" oraz gwarancję prawa do strajku. Po sześćdziesięciu dniach pokojowej walki, w poszanowaniu porządku geopolitycznego oraz konstytucyjnego, ale uparcie dopominając się o nadrzędną wartość dobra wspólnego rodziła się „Solidarność" – pierwszy wolny związek zawodowy w Europie Wschodniej.

Pamiętam, że Ojciec Święty odetchnął z ulgą. Był niezwykle zadowolony nie tylko ze względu na pomyślny wynik pertraktacji, ale także na fakt, że doszło do niego bez uciekania się do przemocy, bez krwawych starć. Podziwiał sposób, w jaki robotnicy, świadomi swej siły przebicia oraz pełnego prawa do przedstawiania roszczeń, poprowadzili tę walkę o wolność: wolność związków zawodowych, ale także wolność religijną. O wzrost płac, ale również przywrócenie radiowej transmisji niedzielnej Mszy świętej. Była to walka w obronie człowieka i jego praw, praw materialnych, ekonomicznych, ale także duchowych.

Taka była droga obrana przez ruch wyzwolenia, istniało zatem duże prawdopodobieństwo, że zakończy się ona kresem systemu komunistycznego w Polsce.

„Solidarność" była powrotem do pierwotnych aspiracji ruchu robotniczego, do pojęcia pracy jako służby w imię rozwoju człowieka, do solidarności przekraczającej wszelkie przeciwstawienia ideologiczne i polityczne. Te motywy pojawią się w późniejszej encyklice Laborem exercens. *To dowód tego, że doświadczenie polskie wyrażało wartości ponownie pojawiające się w świecie pracy oraz miało wpływ sięgający prawdopodobnie poza granice kraju.*

Właśnie z tego powodu usiłowano zniszczyć „Solidarność".

Już pod koniec jesieni 1980 roku stawało się jasne, że w całym bloku komunistycznym z dnia na dzień coraz silniej obawiano się tego, co działo się w Polsce. Wszyscy przywódcy komunistyczni zgodnie określali Solidarność *mianem wyjątkowo niebezpiecznej „pływającej miny". Nie tylko z obawy, że rozprzestrzeni się ona na inne kraje, ale także ze względu na to, że propagowane przez „Solidarność" idee uderzały w samo serce marksizmu.*

Takie informacje docierały do Stolicy Apostolskiej z rozmaitych źródeł. Przede wszystkim ze strony Kościoła. Również ze strony tajnych służb na Zachodzie. A szczególnie ze źródeł amerykańskich, choć nie można było tego określić mianem „Świętego Przymierza" Watykanu z USA.

Były bezpośrednie kontakty z administracją amerykańską. Były rozmowy telefoniczne, szczególnie ze Zbigniewem Brzezińskim, w tamtym czasie odpowiedzialnym za bezpieczeństwo Stanów Zjednoczonych. Kontakty te polegały głównie na przekazywaniu informacji, które posiadali Amerykanie, informacji na temat ewentualnych zagrożeń dla Polski ze strony Armii Radzieckiej oraz przygotowań do ewentualnej inwazji w momencie skrajnego napięcia w stosunkach między rządem a „Solidarnością".

Poza tym nic innego nie było. Powtarzam: wyłącznie informacje, które – uważam, że mam prawo to stwierdzić – niewiele dodały do wiadomości, które Stolica Apostolska już znała, otrzymując je z innych źródeł.

W tej sytuacji Jan Paweł II dłużej nie zwlekał. Podjął działania, które w swej wyjątkowości ukazały groźbę sytuacji rysującej się nad przyszłością narodu polskiego. 16 grudnia napisał do przywódcy Związku Radzieckiego Leonida Breżniewa, wyrażając wielką „troskę Europy i świata z powodu napięcia wywołanego wydarzeniami, jakie w ostatnich miesiącach miały miejsce w Polsce".

Ton listu był oficjalny, dyplomatyczny, ale w gruncie rzeczy surowy i zdecydowany. List nawiązywał do agresji hitlerowskiej we wrześniu 1939 roku, a w podtekście wyrażał zdecydowane potępienie ewentualnej inwazji sowieckiej. Pojawiło się także inne odniesienie do historii Polski, do poświęcenia wielu jej synów podczas drugiej wojny światowej. W końcu odniesienie do Aktu Helsińskiego, przez co zostało podkreślone, że wydarzenia tego narodu są jego „wewnętrznymi" sprawami, wykluczały zatem wszelką interwencję z zewnątrz. „Ufam – pisał na zakończenie Jan Paweł II do Breżniewa – że zechce Pan uczynić wszystko, co w Pańskiej mocy, aby złagodzić panujące napięcie...".

Ojciec Święty napisał ten list, gdyż w tamtym momencie naprawdę obawiał się inwazji na Polskę. Napisał go również dla obrony praw narodu polskiego, szczególnie prawa do decydowania o sobie i do rozwiązywania własnych problemów.

Na ten list nie przyszła nigdy żadna odpowiedź, choćby pośrednia. Nic. Kreml stanowił wtedy mur. Nieprzenikniony.

Breżniew nie dał żadnego znaku, prawdopodobnie nie chciał zdradzić swej taktyki. W Moskwie zdecydowano już wcześniej. Nie można było pozwolić przetrwać „Solidarności". Zbyt niebezpieczna byłaby dla radzieckiego imperium!

19

Strzały

Tamtego dnia?...

Za każdym razem, gdy powracam myślą do tamtego wydarzenia, mam zawsze te same odczucia. Zawsze. Przeżywam wszystko od początku, chwilę po chwili. Tak jakbym wciąż nie mógł uwierzyć, że mogło dojść do czegoś podobnego. Że próbowano zabić Papieża, *tego* Papieża, Jana Pawła II, w samym sercu chrześcijaństwa...

Jeep kończył właśnie drugie okrążenie placu Świętego Piotra, zbliżając się do prawej kolumnady, którą zwieńcza Spiżowa Brama. Ojciec Święty wychylił się z samochodu w kierunku dziewczynki o blond włosach, którą starano się mu podać. Nazywała się Sara, miała zaledwie dwa lata, ściskała w dłoni kolorowy balonik. Papież wziął ją na ręce i podniósł do góry, jakby pragnął pokazać ją wszystkim, potem ucałował i uśmiechając się oddał rodzicom.

Była godzina 17.19. To odtworzono dopiero później. Przy ładnej pogodzie audiencje generalne odbywały się na placu, w porze popołudniowej. Tak było też tamtego dnia, tamtego 13 maja 1981 roku.

Zachwycił mnie widok dłoni matki i ojca wyciągniętych w stronę pyzatego skarbu.

Nawet nie usłyszałem za bardzo pierwszego strzału. Spostrzegłem jedynie setki gołębi, które niespodziewanie, wylęknione, poderwały się do lotu.

Zaraz po tym padł drugi strzał. W momencie, gdy go usłyszałem, Ojciec Święty bezwładnie zaczął osuwać się na bok, prosto w moje ramiona.

Instynktownie skierowałem wzrok w kierunku, z którego padły strzały, choć tak naprawdę zobaczyłem to dopiero później na zdjęciach i w ujęciach telewizyjnych. Pośród zamętu szamotał się młodzieniec o ciemnych rysach. Po jakimś czasie dowiedziałem się, że był to zamachowiec, Turek Mehmet Ali Agca.

Powracając teraz myślą do tamtej chwili, być może skierowałem wzrok na całe to zamieszanie, aby nie widzieć, aby nie przyjąć do wiadomości tej straszliwej rzeczy, która się wydarzyła. A którą „czułem" w moich ramionach.

Usiłowałem wesprzeć Papieża, choć on sprawiał takie wrażenie, jakby się poddał. Łagodnie. Naznaczony bólem, ale pogodny. Zapytałem: „Gdzie?". Odpowiedział: „W brzuch". „Boli?". On na to: „Boli". Pierwsza kula, przeszywając okrężnicę i raniąc w kilku miejscach jelito cienkie, rozszarpała brzuch, po czym – przebiwszy ciało na wylot – spadła do wnętrza jeepa. Druga zaś po tym, jak otarła się o prawy łokieć i złamała palec wskazujący lewej ręki, zraniła dwie amerykańskie turystki.

Ktoś krzyknął, żeby zabrać go do karetki. Ale karetka była po drugiej stronie placu. Jeep przejechał błyskawicznie przez Bramę Srebrnych Dzwonów, potem wzdłuż ulicy Fundamentów, okrążając absydę Bazyliki, skierował się tunelem w dół, wjechał na dziedziniec Belwederu i w końcu dotarł do watykańskiej służby zdrowia, gdzie oczekiwał powiadomiony tymczasem doktor Renato Buzzonetti, osobisty lekarz Ojca Świętego.

Wyjęli mi Papieża z ramion i położyli na posadzce w korytarzu budynku. Dopiero wtedy zobaczyliśmy ogromną ilość krwi, która wypływała z rany postrzałowej. Buzzonetti zgiął mu nogi w kolanach pytając, czy może nimi poruszać. Poruszył. Lekarz kazał natychmiast udać się do polikliniki Gemelli. Nie był to przypadkowy wybór, ale dużo wcześniej przemyślana decyzja, przewidziana w przypadku konieczności umieszczenia Ojca Świętego w szpitalu.

Karetka, która tymczasem dotarła do ambulatorium, odjechała z maksymalną prędkością. Tak zaczął się rozpaczliwy wyścig z czasem ulicą Viale delle Medaglie d'Oro. Alarm nie działał, na drodze tłok, kierowca bez przerwy naciskał na klakson.

Papież tracił siły, ale nadal był przytomny. Wydawał z siebie ciche, coraz słabsze jęki. I modlił się, słyszałem jak się modlił, mówiąc: „Jezu, Maryjo, Matko moja".

Gdy dotarliśmy do polikliniki, stracił przytomność. To właśnie wtedy uświadomiłem sobie, że jego życiu rzeczywiście grozi śmiertelne niebezpieczeństwo. Lekarze, którzy przeprowadzili zabieg, wyznali mi później, że operowali go nie wierząc, dosłownie tak mi powiedzieli: nie wierząc, że pacjent miał szansę na przeżycie.

Nie pamiętam już, czy to z przerażenia, które ogarnęło wszystkich, czy też z ogólnego poruszenia, zawieziono Ojca Świętego najpierw na dziesiąte piętro, po czym trzeba było zjechać na dziewiąte do sali operacyjnej. W pewnej chwili usłyszałem czyjś głos: „Tędy będzie szybciej!". Więc, aby skrócić drogę, sanitariusze wyważyli drzwi.

Mnie też wpuszczono do środka, było dużo ludzi. Stałem tam w kącie i dowiadywałem się wszystkiego na bieżąco. Wystąpiły problemy z ciśnieniem krwi, z biciem serca. Najgorszy jednak okazał się moment, gdy doktor Buzzonetti, zbliżając się do mnie poprosił, abym udzielił Ojcu Świętemu sakramentu Namaszczenia Chorych. Uczyniłem to natychmiast, choć z rozdartym sercem. To tak, jakby powiedziano mi, że już nic nie da się zrobić. Poza tym, pierwsza transfuzja nie powiodła się. Potrzebna była kolejna. Tym razem lekarze z polikliniki oddali własną krew.

Na szczęście tymczasem dotarł chirurg, profesor Francesco Crucitti, który podjął się przeprowadzenia operacji, jako że ordynator, profesor Gian Carlo Castiglioni, przebywał w Mediolanie.

I wreszcie zabieg się rozpoczął. Byłem już poza salą operacyjną. I modliłem się, modliłem, modliłem. Co jakiś czas przychodził do mnie któryś z lekarzy, informując o przebiegu operacji. Wtedy odmawiałem modlitwy dwa razy szybciej. Zawierzyłem się Panu Bogu, wzywałem imię Dziewicy Maryi...

Po prawie pięciu i pół godzinie ktoś, kogo twarzy już dziś nie pamiętam, ale pamiętam jego słowa, przyszedł i powiedział mi, że operacja się zakończyła, że wszystko się udało i zwiększyła się szansa na przeżycie.

Po przewiezieniu na salę reanimacyjną Ojciec Święty wybudził się z narkozy o świcie następnego dnia. Otworzył oczy, przyglądał mi się uważnie, jakby miał trudności z rozpoznaniem mnie, po czym wydobył z siebie słowa: „Boli... pić...". A zaraz potem: „Jak z Bacheletem...". Widocznie przyszło mu na myśl to, co stało się z profesorem Vittorio Bacheletem, zabitym rok wcześniej przez Czerwone Brygady.

Po krótkim odpoczynku Papież obudził się ponownie wczesnym rankiem, znowu na mnie popatrzył, tym razem świadomie i – niewiarygodne – zapytał: „Odmówiłem kompletę?". Wydawało mu się, że wciąż jest środa, 13 maja.

Pierwsze trzy dni były koszmarne. Ojciec Święty modlił się nieustannie. I cierpiał, cierpiał okrutnie. Ale jeszcze większym cierpieniem, tym wewnętrznym, głębokim, nieprzemijającym, było dla niego odejście kardynała Wyszyńskiego.

Widziałem Prymasa dwa dni przed zamachem, w jego rezydencji w Warszawie, przykutego do łóżka z powodu ciężkiej choroby. Ojciec Święty wysłał mnie tam, abym go odwiedził. Kardynał wiedział, że to już koniec, ale był pogodny, zawierzył się całkowicie woli Bożej. Długo rozmawialiśmy, pragnął przekazać Papieżowi swą ostatnią wolę, napisał jeszcze list.

Kiedy dowiedział się o zamachu, o tym, że Ojcu Świętemu groziło śmiertelne niebezpieczeństwo, kardynał Wyszyński jakby kurczowo uczepił się życia, nie chciał odejść, dopóki nie miał pewności... I dlatego przez trzy tygodnie trwał w nieznośnej agonii. Zamknął oczy dopiero wtedy, gdy potwierdzono mu, że życie Papieża nie jest już w niebezpieczeństwie.

Ze wzruszeniem przypominam sobie ostatnią krótką rozmowę telefoniczną pomiędzy umierającym Prymasem i wciąż bardzo osłabionym Papieżem. Słychać było wątły, ledwo słyszalny głos kardynała: „Połączyło nas cierpienie... Ale Ojciec jest uratowany". A potem: „Ojcze Święty, pobłogosław mnie...". Papież nie chciał wymówić tych słów, bo dobrze wiedział, że jest to ostatnie pożegnanie: „Tak, tak. Błogosławię Twoje usta... Błogosławię Twoje dłonie...".

Życie Jana Pawła II wciąż jeszcze było zagrożone. Po powrocie do Watykanu ponownie wystąpiła gorączka, której towarzyszyło ogólne złe samopoczucie i coraz ostrzejsze bóle. Należało powrócić do polikliniki Gemelli, a po odkryciu groźnego wirusa, zwanego *citomegalovirus*, przeprowadzono drugą operację dla usunięcia przetoki. Tym razem wszystko się udało, nie wystąpiły żadne komplikacje. 14 sierpnia, w wigilię uroczystości Wniebowzięcia, Ojciec Święty mógł definitywnie powrócić do domu.

Teraz muszę się cofnąć w czasie. Muszę opowiedzieć o Fatimie...

Prawdę mówiąc, Jan Paweł II nie myślał o Fatimie w dniach, które nastąpiły po zamachu. Dopiero później, po odzyskaniu sił, zaczął zastanawiać się nad tą osobliwą zbieżnością. Zawsze 13 maja! 13 maja 1917 roku – dzień pierwszych objawień Maryi Dziewicy w Fatimie. I 13 maja – dzień, w którym próbowano go zabić.

Wreszcie Papież postanowił. Poprosił, że chce zobaczyć trzeci „sekret", przechowywany w Archiwum Kongregacji Nauki Wiary. Jeśli się nie mylę, ówczesny prefekt Kongregacji, kardynał Franjo Šeper, wręczył dwie koperty arcybiskupowi Eduardowi Martinezowi Somalo, substytutowi Sekretariatu Stanu, który je przyniósł do polikliniki Gemelli. Jedna koperta zawierała oryginalny tekst portugalski siostry Łucji, a druga – tłumaczenie na język włoski.

Były to dni drugiego pobytu w szpitalu. Tam właśnie Ojciec Święty przeczytał „sekret", a po przeczytaniu nie miał już wątpliwości. W tej „wizji" rozpoznał własne przeznaczenie. Przekonał się, że zostało mu ocalone życie, co więcej, zostało mu na nowo przekazane w darze dzięki Jej interwencji, dzięki Jej opiece.

Tak, to prawda, „biskup w białych szatach" został zabity, jak podaje siostra Łucja. Natomiast Jan Paweł II uniknął niemal pewnej śmierci. A więc? A może właśnie to chciała powiedzieć? Że szlaki dziejów i życia ludzkiego nie są z góry wyznaczone? I że istnieje Opatrzność, istnieje „macierzyńska dłoń" zdolna doprowadzić do tego, że chybił ten, który wymierzył pistolet będąc całkowicie pewny, że zabije?

Ojciec Święty mówił: „Jedna ręka strzelała, a inna prowadziła kulę".

A dziś ta kula, odtąd na zawsze „nieszkodliwa", tkwi w koronie figury Matki Boskiej Fatimskiej.

20
Kto go uzbroił?

„Dlaczego Ty żyjesz?" – zapytał Mehmet Ali Agca.

Jan Paweł II był zaskoczony tym pytaniem.

Postanowił spojrzeć w oczy człowiekowi, który próbował go zabić. Pragnął powtórzyć mu osobiście słowa przebaczenia i nadać sens swemu gestowi chrześcijańskiej miłości, który Agca by zrozumiał. „Dziś – powiedział na wstępie – spotykamy się jak ludzie. Co więcej, jak bracia".

Jednak tamtego 27 grudnia 1983 roku Jan Paweł II, gdy wszedł do ogołoconego pomieszczenia w więzieniu Rebibbia i usiadł obok Ali Agcy z głową pochyloną, aby lepiej go wysłuchać, nie spodziewał się, że usłyszy to pytanie: „Dlaczego Ty żyjesz?".

Może Karol Wojtyła liczył, na to, że spotykając się z siedzącym naprzeciw niego człowiekiem zrozumie, dlaczego ten próbował go zabić. Tymczasem usłyszał pytanie: „Wiem, że strzelałem celnie. Wiem, że nabój był śmiercionośny. Dlaczego zatem Ty żyjesz?".

Nie brałem bezpośredniego udziału w rozmowie, byłem oddalony o kilka metrów. Mam jednak wrażenie, to moja interpretacja, iż Ali Agcę dręczył fakt, że istnieją siły, które go przerastają. Mierzył celnie, a ofiara nie zginęła. Był przerażony istnieniem przerastających go sił. Zrozumiał, że poza Fatimą, córką Mahometa, istnieje też inna Fatima – ta, którą określał „boginią fatimską". I lękał się, jak sam o tym mówił, że ta potężna bogini go „unicestwi".

Cała rozmowa skupiła się na tym wątku. Ojciec Święty, o czym wielokrotnie i ze zmartwieniem przypominał, nigdy nie usłyszał słów: „Przebacz mi".

„Dlaczego Ty żyjesz?" Jan Paweł II nigdy nie zapomniał tego pytania. Przez lata nosił je w sobie, zastanawiał się.

Znalazł pierwszą, definitywną odpowiedź. Był pewien, że został ocalony przez Matkę Boską. Pozostawała odpowiedź na drugie pytanie, którą pragnął odnaleźć. Zbliżając się do schyłku swego ziemskiego życia, poczuł potrzebę podzielenia się zdaniem, które wyrobił sobie na ten temat.

W ostatniej książce Pamięć i tożsamość *czytamy: „Ali Agca, jak wszyscy mówią, to zawodowy zabójca. Oznacza to, że zamach nie był jego inicjatywą, zaplanował go ktoś inny, ktoś inny zlecił mu jego wykonanie...".*

W tej sytuacji spontanicznie rodzi się pytanie, czy Papież po latach nie przerwał swego milczenia, ponieważ otrzymał informacje na ten temat...

Absolutnie nie! Przede wszystkim dlatego, że Ojciec Święty zawsze oceniał wszystko w kategoriach wiary. Mówił, że również ta próba była dla niego łaską.

Jeśli natomiast chodzi o informacje... Wiele mówiło się o informacjach od międzynarodowych służb specjalnych. Mogę zapewnić, że nigdy takie informacje nie dotarły do Papieża. Odnośnie tego, co nazywano „informacją francuską", kardynałowie Casaroli (sekretarz stanu), Silvestrini (sekretarz Rady do Spraw Publicznych) oraz Martinez Somalo (w tamtym czasie Substytut) oznajmili już, że nigdy niczego ani nie widzieli, ani nie słyszeli.

Pogłoski? Naturalnie, zawsze wiele ich było przed kolejną podróżą. Pogłoski, którymi nie można było się przejmować.

Nikt tak naprawdę w nie niewierzył. Zastanawiano się, kto mógł myśleć o zorganizowaniu zamachu na Papieża, człowieka Kościoła, który głosi pokój na świecie?

Ojciec Święty doszedł do tych wniosków nie na podstawie posiadanych dokładnych czy konkretnych informacji, ale przez dedukcję. Obiektywnie wydawało się niemożliwe, żeby Ali Agca działał samotnie. Że wszystko zorganizował samodzielnie.

A zatem chodziłoby o spisek. Spisek, za którym, pomijając rozmaite „tropy", po których można by pójść, stałoby, bezpośrednio lub nie, KGB.

Ali Agca był doskonałym zabójcą. Wysłanym przez kogoś, kto uznawał Papieża za osobę niebezpieczną, niewygodną. Przez kogoś, kto się go bał. Przez kogoś, kto potwornie się przestraszył na wiadomość, że został wybrany Papież-Polak. A zatem? Jak nie myśleć o strukturach komunistycznych? Jak nie dotrzeć zatem, choćby w przypuszczeniach, do KGB, analizując osoby, które mogły zlecić zamach?

Niewątpliwie wybór Karola Wojtyły na papieża w wielu stolicach Europy Wschodniej wzbudził zamęt. Trzy tygodnie później przygotowana była już przez Związek Radziecki pierwsza analiza skutków, które mógłby ten wybór pociągnąć za sobą w różnych krajach komunistycznych. Minął rok, został podpisany przez Susłowa, ideologa Komunistycznej Partii Związku Radzieckiego, „supertajny" dokument, przyjęty następnie przez wszystkich członków sekretariatu Komitetu Centralnego, łącznie z Gorbaczowem. Zawierał listę konkretnych środków, które przeszkodziłyby Papieżowi Polakowi w jego misji na świecie.

Do tego dochodziła pierwsza podróż Papieża do Polski, do której sam Breżniew za wszelką cenę próbował nie dopuścić. Rok później zrodziła się „Solidarność", pierwsza o takim zasięgu re-

wolucja robotnicza w komunistycznym imperium. Już w 1981 roku „Solidarność" poprzez swe istnienie nie tylko zadawała kolejne śmiertelne ciosy ideologii marksistowskiej, ale także, przynajmniej w najbardziej radykalnych odłamach, okazywała skrajnie antyradzieckie nastawienie.

To wystarczyło do wyolbrzymienia strachu komunistycznego zwierzchnictwa. I do wyobrażenia, że tajne służby, zwłaszcza ich najbardziej szalone odłamy, mogły podjąć decyzję o usunięciu Papieża Polaka, zlecając ewentualnie wykonanie osobom trzecim...

Należy brać pod uwagę wszystkie elementy tego scenariusza. Wybór papieża źle widzianego na Kremlu, jego pierwszy przyjazd do Ojczyzny, eksplozja „Solidarności". Poza wszystkim, w tamtym momencie, Kościół polski tracił swego wielkiego Prymasa, umierał kardynał Wyszyński. Czyż wszystko nie prowadzi w tym kierunku? Drogi, choć różne, nie prowadzą przypadkiem do KGB?

Nie dawano wiary „bułgarskiemu śladowi", ani wielu innym rozpowszechnionym wersjom rekonstrukcji zdarzeń. Jak chociażby ta odnosząca się do zniknięcia Emanueli Orlandi, gdzie prasa, przy pomocy jakiegoś mitomana, starała się za wszelką cenę przypisać jej związek z zamachem, z Watykanem, z Papieżem. Nie istniało żadne obiektywne, bezpośrednie ani dalsze powiązanie z tamtym wydarzeniem. Prawdą było jedynie to, że Ojciec Święty poruszony był losem tej dziewczyny i wyrażał chrześcijańską solidarność jej pogrążonej w bólu rodzinie.

Co stałoby się, gdyby 13 maja kule wystrzelone z browninga *kaliber 9 trafiły w namierzony cel?*

Ja też zadawałem sobie to pytanie. Co by się stało, gdyby pocisk za sprawą Matki Bożej nie zmienił swego biegu? Jaka byłaby przyszłość świata? Niewątpliwie, bez wsparcia Papieża-Polaka z trudnością mogłaby utrzymać się i rozwinąć rewolucja „Solidarności". Prawdopodobnie odmienna byłaby również historia Europy Środkowo-Wschodniej.

Przeznaczeniem (bądź działaniem Opatrzności, jak powiedzieliby wierzący) był taki przebieg wydarzeń. Przeznaczeniem było także pytanie Ali Agcy, zadane człowiekowi, którego miał zabić: „Dlaczego Ty żyjesz?".

Ale nie poprosił o przebaczenie!

Jan Paweł II napisał to nawet w liście: „Drogi Bracie, jak moglibyśmy stanąć przed obliczem Pana, jeśli nie przebaczymy sobie wzajemnie tu na ziemi?".

Ten list nigdy nie został wysłany. Prawdopodobnie Ali Agca zlekceważyłby go. Ojciec Święty wolał pójść i go odwiedzić. Uczynić gest pojednania. I uścisnąć zamachowcowi dłoń. Tę dłoń!

A on nic, zero. Interesowały go wyłącznie objawienia fatimskie. Chciał wiedzieć, kto przeszkodził mu w zabiciu tego człowieka. Ale prosić o przebaczenie? Nie, to go nie interesowało.

Nigdy tego nie zrobił.

Nigdy nie poprosił o przebaczenie!

21
Zniewolony naród

Wskazówki zegara zwiastowały początek nowego dnia. Była niedziela, 13 grudnia 1981 roku. Na ulicach Warszawy i na głównych skrzyżowaniach pojawiły się pierwsze czołgi. Z upływem czasu na Zachód, zwłaszcza za pośrednictwem rozgłośni radiowych, zaczęły napływać pierwsze niepełne informacje. Ktoś w Watykanie usiłował nawiązać kontakt z Polską, ale nic z tego – telefony były głuche.

Dopiero później zrozumieliśmy przyczyny tego grobowego milczenia. Już przed północą zerwano wszystkie linie komunikacji. Jednocześnie zamknięto granice. Aż najpierw z telewizji i z radia, a szerzej nad ranem, po tym jak o godzinie szóstej ogłoszony został oficjalny komunikat, dowiedzieliśmy się, że w Polsce wprowadzono stan wojenny. To był prawdziwy szok.

Naturalnie obawialiśmy się tego już wcześniej. W ostatnich dniach wzrosła obawa przed inwazją. Zatelefonował Zbigniew Brzeziński. Wiedzieliśmy o manewrach sił Układu Warszawskiego, znajdujących się na terytorium Polski i nadciągających w kierunku stolicy. Nikt jednak nie spodziewał się takiego obrotu spraw. Również Ojciec Święty, na wieść o tym, co się stało, był zaskoczony. Zaskoczony i pogrążony w bólu.

W tym czasie tysiące związkowców i opozycjonistów zostało internowanych, a Lecha Wałęsę, lidera „Solidarności", wywiezio-

no w nieznane. Wraz z wprowadzeniem stanu wojennego zawieszono działalność związków zawodowych, uchylono prawo do strajku, a cały naród pozbawiono prawa do wolności.

Dla Polski było to wielkie upokorzenie. Po tak licznych cierpieniach, które stały się jej udziałem na przestrzeni dziejów, nie zasługiwała na kolejne męczeństwo, na takie zło.

To, co się stało, stanowiło nieuniknione zakończenie pogłębiającego się z miesiąca na miesiąc kryzysu. Bezskutecznie Kościół, na czele którego stał nowy prymas arcybiskup Józef Glemp, próbował mediować pomiędzy dwiema stronami: „Solidarnością" a coraz bardziej zmilitaryzowanym reżimem (po wyborze generała Wojciecha Jaruzelskiego na I sekretarza partii komunistycznej), który ulegał naciskom Moskwy.

Adam Michnik powiedział: „ZSRR uczynił wszystko, by ukryć swój udział w ogłoszeniu stanu wojennego". Realizowany scenariusz był najlepszym z możliwych: „Sami Polacy rozwiązali swoje problemy". Generał Jaruzelski zdecydował się na samobójczą bramkę, uznając swoją decyzję za „mniejsze zło".

Było to „mniejsze zło" w pojęciu generała Jaruzelskiego, w świetle jego późniejszych wyjaśnień. Cały świat potępił ten „wybór" i jestem przekonany, że gdyby generał stawił opór moskiewskim naciskom lub szantażom, Związek Radziecki nie zdecydowałby się na interwencję. Miał za sobą tragiczne doświadczenie z Afganistanu – jak więc mógłby zaatakować kraj większy od Afganistanu, prowadzić wojnę na dwóch frontach?

Późnym rankiem 13 grudnia Jan Paweł II, wciąż głęboko poruszony, zwrócił się do wiernych powtarzając sześciokrotnie słowo „solidarność". Potem, zwracając się do Matki Bożej (tak, jakby to ona była rozmówcą, a nie Kreml), wyjaśnił różne aspekty społecznej nauki Kościoła, sprawiedliwości.

Stąd zrodził się pomysł modlitwy do Pani Jasnogórskiej, którą Papież kończył każdą środową audiencję generalną. Przypominał w niej prawo swych rodaków do wolności i do samodzielnego rozwiązywania wewnętrznych problemów zgodnie z przekonaniami.

Tamtego wieczora, pod koniec kolacji, Ojciec Święty powiedział nam: „Módlmy się. Módlmy się z radością. I oczekujmy znaku z Niebios". Zawierzając się całkowicie Bogu, Bożej Opatrzności, zdołał przetrwać tamte dramatyczne chwile. Zastanawiał się też, co czynić, jak pomóc uciśnionej Ojczyźnie.

Oczywiste było, że nie mógł pojechać do Polski, i taką ewentualność od razu wykluczył. Uważał jednak, że trzeba dać widoczny wyraz miłości Papieża i Kościoła do Polaków. Postanowił wysłać tam arcybiskupa Luigiego Poggi (obecnie kardynała), który w roli nuncjusza apostolskiego do zadań specjalnych zajmował się szczególnie krajami Europy Wschodniej.

17 grudnia dotarła tragiczna wiadomość. W Katowicach, w kopalni Wujek, górnicy ogłosili strajk i okupację. Interweniowało ZOMO, ludzie o brutalności graniczącej z bestialstwem. Doszło do krwawych starć, zginęło dziewięciu robotników, zaatakowano lekarzy i pielęgniarki pogotowia, którzy udzielali pomocy.

Papież, pogrążony w bólu, napisał natychmiast do generała Jaruzelskiego, odwołując się w liście do jego sumienia, prosząc o zaprzestanie „rozlewu polskiej krwi" i o powrót do pokojowych negocjacji, które charakteryzowały wysiłki podejmowane dla odnowy społeczeństwa od sierpnia 1980 roku. Treść poprzedzona była zrozumiałym zestawieniem pomiędzy stanem wojennym i „okupacją hitlerowską".

Po kilku godzinach Jerzy Kuberski przybył do Watykanu. Był ministrem ds. wyznań i stał na czele delegacji rządu polskiego do roboczych kontaktów ze Stolicą Apostolską. To on, 13 grudnia o piątej rano, powiadomił w Warszawie prymasa Glempa, że wszedł w życie stan wojenny.

Kuberski został przyjęty przez arcybiskupa Achille Silvestriniego, sekretarza Rady do Spraw Publicznych Kościoła, którego prosił w imieniu generała Jaruzelskiego, żeby Papież wycofał swój list. Generał -- powiedział – nie mógł się pogodzić z nawiązaniem do nazizmu. Silvestrini odpowiedział zdecydowanie, że taka prośba jest nie do przyjęcia i że generał może ewentualnie sam napisać do Ojca Świętego.

Dla Watykanu sprawa na tym się zakończyła, choć Ojciec Święty najwyraźniej pomyślał później, że istniało ryzyko uzyskania efektu odwrotnego niż ten, który sobie zamierzył, czyli ograniczenie ofiar. I tak nawiązanie do inwazji hitlerowskiej zmienione zostało we wspomnienie „wielkich upokorzeń", które Polska musiała znieść, i ogromnej ilości krwi przelanej przez naród w „ciągu ostatnich dwóch stuleci".

Arcybiskup Luigi Poggi wyruszył do Polski z nowym listem, noszącym datę 18 grudnia. Była to podróż pełna przeszkód i trudności. Nuncjusz udał się samolotem do Wiednia i wsiadł tam do pociągu, ale został zatrzymany na granicy czechosłowackiej (wagony stały w miejscu przez godzinę, a w tym czasie jego bagaże zostały zrewidowane przez milicję), gdyż nie miał wizy tranzytowej. Wreszcie dotarł do Warszawy, poprosił o spotkanie z Jaruzelskim i przekazał mu papieską korespondencję.

Była Wigilia Bożego Narodzenia. Ojciec Święty prosił o postawienie w oknie jego gabinetu zapalonej świecy, znaku nadziei. Wieczorem z bliska doświadczył uczuć swego narodu, dzieląc się opłatkiem z nieliczną grupą Polaków mieszkających w Rzymie i we Włoszech.

Tamto Boże Narodzenie i początek nowego roku były dla Jana Pawła II czasem wielkiego smutku. Tym, co najbardziej go zamartwiało, był brak wiadomości, brak możliwości porozumiewania się. Czasem udawało mu się nawiązać kontakt z przedstawicielami opozycji, którzy znajdowali się poza granicami Polski, na przykład z Bohdanem Cywińskim, jednym z pierwszych doradców „Solidarności". Poza tym, niebezpośrednio, za pośrednictwem innych osób, miał kontakt z przebywającym w więzieniu Adamem Michnikiem, któremu wysłał egzemplarz Biblii, i z Lechem Wałęsą.

Więzienia zostały zapełnione wychodziło się z nich niemal tylko na rozprawę sądową. Trwał stan wojenny, pewne ustępstwa nie rozjaśniały ponurego klimatu. Za wszystkim stała Moskwa, która nie dopuszczała najmniejszej otwartości. Papież nie mógł udać się na uroczystości maryjne do Częstochowy, w sierpniu 1982 roku. W październiku oficjalnie rozwiązano „Solidarność".

Należało znaleźć sposób i środki na przetrwanie związku zawodowego, a przynajmniej jego ideałów.

Wolny świat zrozumiał stawkę gry, która się wtedy toczyła. Ruszyli wszyscy, niezależnie od ideologii, podziałów i rywalizacji. Narody, struktury międzynarodowe, związki zawodowe, wolontariusze, pomoc finansowa osób prywatnych i państw: rzeka pomocy, która ze wszystkich, nawet najbardziej nieoczekiwanych stron, napływała do Polski, w sposób decydujący wspierając „Solidarność".

Niektóre środki przekazu na Zachodzie mówiły z przekąsem o pomocy udzielanej przez Stolicę Apostolską. Chciałbym jeszcze raz podkreślić, że Jan Paweł II nigdy nie udzielił „Solidarności" finansowego wsparcia. Darzył ją za to wielką pomocą moralną, wyłącznie moralną. Ojciec Święty wspierał prawo człowieka do walki o wolność i niezależność. Wszelkie plotki na temat domniemanego finansowania „Solidarności" przez Papieża są czystym wymysłem. Są po prostu kłamstwem!

Wydawało się, że to już koniec, że przekreślony został na zawsze krótki, ale pełen entuzjazmu okres pod znakiem wolności i solidar-

ności. A jednak historia nie zatrzymała biegu. Nie mogła go zatrzymać. Polski reżim, coraz bardziej znienawidzony, osamotniony i osłabiony, musiał stawić czoło poważnemu kryzysowi gospodarczemu, który był efektem wstrzymania pomocy z Zachodu.

Władze komunistyczne nie mogły uniknąć jakiejś formy dialogu z Kościołem. Odbyło się spotkanie prymasa Glempa z generałem Jaruzelskim, które pozwoliło na ustalenie daty kolejnej pielgrzymki Papieża do Ojczyzny.

Coś się ruszyło. Wałęsa został zwolniony z przymusowego pobytu w Arłamowie. Zamknięto prawie wszystkie ośrodki dla internowanych. Wciąż obowiązywały natomiast ograniczenia wolności indywidualnych i obywatelskich, działały sądy specjalne, panowała przytłaczająca atmosfera opresji i niepewności. Polakom brakowało powietrza, którym oddychali w okresie „Solidarności".

Tymczasem nadchodził czas pielgrzymki Jana Pawła II.

22
„Solidarność" żyje!

Jan Paweł II chciał za wszelką cenę powrócić do Polski. Czuł się zobowiązany, by pomóc rodakom odnaleźć wiarę w siebie i przywrócić im nadzieję.

Ale czy mógł udać się tam w stanie wojennym? Czy swoim przyjazdem przypadkiem by go nie uwierzytelnił? Lepiej było podać tym ludziom rękę czy zrezygnować z wyjazdu?

Po długim namyśle doszedł do najbardziej naturalnych wniosków: Papież może oczywiście pojechać do Ojczyzny, dając zarazem jasno do zrozumienia, że nie akceptuje istniejącej sytuacji. To była słuszna, mądra i skuteczna decyzja – tylko w ten sposób możliwe było ocalenie „Solidarności" i Lecha Wałęsy.

Zacznijmy od początku.

Spróbuję opowiedzieć o tej decydującej dla przyszłości Polski pielgrzymce z 1983 roku, wskazując na jej najistotniejsze momenty. W opowieści tej będę się opierał na własnych notatkach i na wspomnieniach, które mi utkwiły w pamięci.

W tamtym okresie Lech Wałęsa nie istniał dla władz komunistycznych. Nie wymawiano nawet jego imienia: rozmawiając o nim, mówiono po prostu „elektryk". Tymczasem Ojciec Święty poinformował, że pojedzie do Polski pod warunkiem, że spotka się właśnie z Wałęsą. Generał Jaruzelski był temu absolutnie przeciwny. Aby przezwyciężyć impas, doszli do kompromisu, choć był on bardzo kruchy, pełen wątpliwości, niejasności, niedopowiedzeń.

Kiedy Ojciec Święty przyleciał do Polski 16 czerwca, dowiedział się, że spotkanie wcale nie jest pewne i istnieje ryzyko, że do niego nie dojdzie. Wtedy, zbulwersowany, powiedział swoim najbliższym współpracownikom: „Jeśli nie będę mógł się z nim zobaczyć, wracam do Rzymu!" Kiedy ktoś z otoczenia dał wyraz swoim wątpliwościom, odpowiedział: „Muszę być konsekwentny w stosunku do ludzi!".

Zaraz po wyjściu z samolotu dał do zrozumienia, że zamierza wspierać „Solidarność". Ucałował polska ziemię (choć uczynił to już podczas pierwszej pielgrzymki), wyjaśniając, że ten gest jest swoistym pocałunkiem złożonym własnej matce – matce, która ponownie tak wiele wycierpiała. Dodał, że przybył tu dla wszystkich, również dla tych, którzy zamknięci są w więzieniu. Później w warszawskiej katedrze, gdzie znajduje się grób kardynała Stefana Wyszyńskiego, podziękował Opatrzności, że oszczędziła Prymasowi Tysiąclecia bolesnych wydarzeń z 13 grudnia 1981 roku. Nazajutrz prasa pominęła to zdanie.

Nadszedł moment spotkania z generałem Jaruzelskim. W publicznym przemówieniu Ojciec Święty poprosił oficjalnie o wprowadzenie w życie ustaleń z sierpnia 1980 roku podpisanych przez związki zawodowe i rząd. W rozmowie prywatnej powiedział generałowi, że o ile mógł w pewnym sensie zrozumieć decyzję o wprowadzeniu stanu wojennego, absolutnie niezrozumiałe było dla niego zlikwidowanie „Solidarności", w której wyraził się duch polskości.

W drodze powrotnej, Jan Paweł II wstąpił do kościoła kapucynów, gdzie spoczywa serce wielkiego króla Jana III Sobieskiego. Tam mógł porozmawiać z członkami opozycji, zwłaszcza z ludźmi nauki i z artystami, a także z matką Grzegorza Przemyka, chłopca zamordowanego przez MO.

W Częstochowie od razu dał się odczuć wzrost napięcia. Milicja miała się na baczności, przerażona masową obecnością zwłaszcza ludzi młodych. Pomimo rozpalonego entuzjazmu i wyraźnego zamiaru młodzieży, aby przekształcić spotkanie w antyrządową manifestację, Ojciec Święty na samym początku powstrzymał wszelkie formy sprzeciwu, choć hasło „Musicie czuwać!" z pewnością nie zostało odebrane wyłącznie retorycznie.

Następnego dnia, w niedzielę 19 czerwca, odbyła się uroczystość maryjna i koronacja czterech obrazów Matki Bożej czczonej w różnych sanktuariach. Na Mszę świętą przybyły niezliczone rzesze wiernych, dwa miliony ludzi, a w homilii Ojciec Święty otwarcie powiedział, że Polska musi być suwerenna, a suwerenność opiera się na wolności obywateli.

W tym samym czasie przybyło do Częstochowy kilku członków Biura Politycznego. Już i tak byli głęboko zaniepokojeni słowami Ojca Świętego, lecz treść wieczornego „Apelu" zaniepokoiła ich jeszcze bardziej. Przeprowadzili rozmowę z biskupem Bronisławem Dąbrowskim, sekretarzem episkopatu, i powiedzieli mu jasno, że Papież ma zmienić treść przemówień.

Biskup Dąbrowski przekazał to Ojcu Świętemu, po czym powrócił do członków partii z odpowiedzią. W odpowiedzi Papież oświadczał, że jeśli we własnym kraju, w Ojczyźnie, nie wolno mu powiedzieć tego, co myśli, i wygłaszać przygotowanych przemówień, nie pozostaje mu nic innego, jak wrócić do Rzymu!

Widząc nieugiętość Jana Pawła II, nic nie odpowiedzieli. Wrócili do Warszawy i złożyli sprawozdanie. A Ojciec Święty złagodził odrobinę tekst „Apelu", ale jedynie w tonacji, nie w znaczeniu ani w tematyce. Prosił również o odwagę prowadzenia społecznego dialogu, a na to generał Jaruzelski absolutnie nie miał ochoty.

Wizyta trwała nadal. W Poznaniu Papież po raz pierwszy wypowiedział słowo „solidarność". W Katowicach potwierdził, że robotnicy mają prawo do zakładania wolnych związków zawodowych. We Wrocławiu mówił, że należało ocalić całe dobro, które zrodziło się z „Solidarności", a ministranci podnosili komżę i pokazywali koszulkę z czerwonym napisem, który był już znany na całym świecie.

Wieczorem 21 czerwca Jan Paweł II przybył do Krakowa, gdzie zamiast *papamobile* czekał na niego zamknięty samochód. Odmówił i wsiadł do autobusu, którym przejechał ulicami miasta. Po dotarciu do kurii arcybiskupiej usiadł przy stole, ale szybko musiał przerwać kolację, aby pokazać się w oknie i porozmawiać z tłumami młodzieży, która przybyła, żeby go powitać. Również tym razem niektóre osoby z orszaku papieskiego zwróciły uwagę, że lepiej byłoby zachować się w sposób bardziej „powściągliwy".

Następnego dnia na krakowskie Błonia przybyły dwa miliony wiernych na uroczystość beatyfikacji dwóch wielkich Polaków: ojca Rafała Kalinowskiego, karmelity bosego, i brata Alberta Chmielowskiego, apostoła najuboższych, założyciela braci albertynów i sióstr albertynek. Na zakończenie Mszy świętej podczas gdy tłum powoli się rozchodził, pojawiły się flagi „Solidarności". Nadleciały helikoptery, które myliły się sądząc, że obniżając pułap lotu zastraszą ludzi i rozgonią ich do domu. Wszystko odbyło się w spokoju i porządku, dokładnie tak, jak Ojciec Święty tego pragnął, uniemożliwiając zorganizowanie prowokacji.

Tymczasem władze wpadły w panikę. Po południu na Wawelu odbyło się nieoczekiwanie drugie spotkanie Ojca Świętego z generałem Jaruzelskim, zainicjowane przez stronę rządową, a nie przez Kościół, jak próbowano dać do zrozumienia. Miało ono uspokoić nastroje, złagodzić wagę wydarzenia przewidzianego na następny dzień, a poza tym Jaruzelski chciał przedstawić Papieżowi motywy swego działania, co mogło tłumaczyć wyjątkowo długi czas trwania rozmowy – aż półtorej godziny.

Gdybym miał domyślać się stosunku Ojca Świętego do generała Jaruzelskiego, powiedziałbym, że uważał go za człowieka inteligentnego i kulturalnego, który wykazywał również pewien patriotyzm. Ale z politycznego punktu widzenia ukierunkowany był na Wschód, a z pewnością nie na Zachód. Jeśli chodzi o przyszłość Polski, dla Jaruzelskiego wszelkie rozwiązania mogły nadejść wyłącznie z Moskwy, nigdy z Zachodu.

23 czerwca rano doszło wreszcie do wydarzenia, które długo utrzymywane było w tajemnicy – do spotkania z Lechem Wałęsą, przetransportowanym helikopterem wraz z żoną i czwórką dzieci. Miejscem, które wybrały władze ze względu na jego „niedostępność", było schronisko w okolicach Zakopanego, w Dolinie Chochołowskiej, u podnóża Tatr. Wszystko zostało przygotowane w ostatniej chwili przez służbę bezpieczeństwa, która naszpikowała pomieszczenie mikrofonami i podstawiła własnych ludzi w roli kelnerów.

Maskarada była tak ewidentna, że Ojciec Święty od razu zorientował się, o co chodzi. Wyprowadził Lecha Wałęsę na korytarz i poprosił, żeby usiadł na ławce. Jeśli także tam były zamontowane „pluskwy", nawet jeśli podsłuchiwali, nie miało to żadnego znaczenia.

W tamtej chwili nie była ważna treść, ale sam gest. Ważne było, że Jan Paweł II tam się znalazł i spotkał z Wałęsą. „Chciałbym powiedzieć Panu tylko jedno: codziennie za was się modlę". Każdego dnia modlił się za Wałęsę, za wszystkie kobiety i za wszystkich mężczyzn z „Solidarności". Pokazywał w ten sposób całemu światu, a przede wszystkim komunistycznym władzom, że ten ruch wciąż żyje i wcale nie stanowi zamkniętego rozdziału.

Błyskawicznie postanowiono sprostować treść nieroztropnego artykułu z „L'Osservatore Romano", w którym napisano, że spotkaniem tym Papież złożył wieniec na grobie Wałęsy. Tak jakby Wałęsa i cały związek zawodowy „Solidarność" polegli w walce z reżimem! Czyż można było pozostawić choćby cień wątpliwości, że Kościół opuścił „Solidarność"? Czyż można było sprawić wrażenie, że Kościół nie jest wiarygodnym partnerem klasy robotniczej, a więc że nie można liczyć na niego?

Podróż zakończyła się żartem przewodniczącego Rady Państwa Henryka Jabłońskiego, który prywatnie zwrócił się do Jana Pawła II słowami: „W chwili przyjazdu powitaliśmy Papieża Pokoju, za cztery lata powitamy Papieża Pojednania". Nie wiem, na ile generał Jaruzelski podzielał tę opinię.

Pomimo przeszkód wizyta się udała. Ojciec Święty znalazł właściwy sposób, aby wesprzeć swój smutny, rozczarowany, rozgoryczony naród i podtrzymać na duchu „Solidarność", która w tamtym momencie oficjalnie nie istniała. Udało się osiągnąć ten cel, nie wywołując przy tym zamieszek czy choćby zadrażnień.

Miesiąc później Jaruzelski odwołał stan wojenny i zaczął opróżniać więzienia, co sprawiało pozory, że reżim polski stawał się bardziej liberalny.

Miało minąć jeszcze wiele lat, zanim Polska stała się krajem prawdziwie wolnym. Były to lata paradoksów, jak zresztą wszystkie etapy marszu do wolności. Lata ciemności na przemian ze światłem nadziei. W 1984 roku został bestialsko zamordowany ksiądz Jerzy Popiełuszko, kapłan o wielkiej odwadze, wielka podpora „Solidarności" i pracowników. W czerwcu 1987 roku Papież po raz trzeci powrócił do Ojczyzny: on sam określił tę podróż mianem „służby prawdzie", odsłaniając pustkę charakteryzującą „realny socjalizm".

Tak rozpoczął się gwałtowny proces, który w ciągu dwóch lat doprowadził do wolności, do ponownego zalegalizowania „Solidarności", do pierwszego niekomunistycznego rządu w powojennej Europie Środkowo-Wschodniej, rządu Tadeusza Mazowiec-

kiego, a w końcu do wyboru byłego elektryka gdańskiej Stoczni im. Lenina, Lecha Wałęsy, na prezydenta Rzeczypospolitej Polskiej.

Polska utorowała drogę wielkiemu przełomowi, który pociągnie za sobą upadek komunizmu.

23
Nowa ewangelizacja

Watykaniści zaczęli to dostrzegać dopiero u schyłku pontyfikatu. Odkryli, że po raz pierwszy od czasów kontrreformacji rozpoczął się w Kościele proces deklerykalizacji. Sobór Watykański II stworzył co prawda podwaliny pod to zjawisko, lecz w rzeczywistości proces ten nigdy nie wystartował. Zajął się tym dopiero Jan Paweł II. Nadszedł czas, aby – jak mówił sam Papież – obalić „dawną kapłańską jednostronność".

Jan Paweł II był człowiekiem Soboru. Z jego nauki czerpał, wytyczając przewodnie linie życia i posłannictwa Kościoła. Nawiązując do Soboru, stopniowo wprowadzał w kościelną rzeczywistość pojęcie Kościoła-komunii, czy jak mawiał, Kościoła-rodziny, charakteryzującego się równością wszystkich ochrzczonych, gdzie nikt nie musi czuć się odsunięty na margines, a tym bardziej wyłączony. W ten sposób zdołał dowartościować elementy charyzmatyczne, świeckie i wspólnotowe w porównaniu z aspektami instytucjonalnymi, klerykalnymi i hierarchicznymi. Takie pojmowanie Kościoła pozwoliło odegrać nową rolę młodzieży, kobietom oraz ruchom i wspólnotom.

Zainicjowała to encyklika Redemptor hominis, *po czym przyszła kolej na* Dives in misericordia *oraz* Dominum et Vivificantem. *Ze wspomnianego tryptyku, który nakreślał program pontyfikatu, zrodziło się nowe spojrzenie poprzez pryzmat Trójcy Świę-*

tej nie tylko na wiarę, czyli na specyfikę bycia chrześcijaninem, lecz również na Kościół, na jego naturę, misję i strukturę. W świetle tajemnicy Trójcy Świętej Kościół powinien zawsze ukazywać się jako harmonia jedności i wielorakości, identyczności i różności.

Pierwsze trzy encykliki uwypukliły wizję Kościoła-wspólnoty, Kościoła głęboko zakorzenionego w historii ludzkości. Kościoła, którego podstawową misją jest głoszenie miłości Boga, Jego miłosierdzia i przebaczenia.

Ta wizja, choć była wyraźnie osadzona w Soborze, nie zrodziła się dopiero w tamtym momencie. Kto prześledzi teologiczną i duszpasterską wędrówkę Karola Wojtyły – księdza, a następnie biskupa, stwierdzi, że taki projekt Kościoła od zawsze tkwił w jego myślach, założeniach i zamierzeniach.

Sobór był dla niego inspiracją, którą realizował stopniowo, w zależności od różnych sytuacji w Kościele, w jakich sam się znajdował. Tak czynił na przestrzeni pontyfikatu, zmierzając zawsze do przodu, bez wahania.

Rzeczywiście zaskakujące jest, jak umiejętnie, już wkrótce po wyborze, Jan Paweł II umiał przywrócić właściwe proporcje posoborowym kontrastom między konserwatystami a zwolennikami postępu. Ukazał, że żadna kryzysowa sytuacja w Kościele nie jest nieodwracalna. Przyczynił się do pokonania nieufności, poddania się, czy też – jak sam to kiedyś określił – „zaćmienia nadziei", które odczuwało się jeszcze pod koniec lat siedemdziesiątych.

Ojciec Święty włączył wspólnotę katolicką do wielkiego dzieła odnowy, które niosło za sobą pogłębienie duchowości, świadectwa, uczestnictwa, obecności w świecie. Przede wszystkim zaś ruch odnowy osiągnął dojrzały kształt w wielkim projekcie ewangelizacji, który nie ograniczał się wyłącznie do terenów misyjnych, ale zwrócił się także na Zachód, coraz bardziej skażony duchową pustką.

„Nowa ewangelizacja", która stała się jedną z charakterystycznych cech pontyfikatu Jana Pawła II, wypływała z przekonania widocznego szczególnie podczas podróży apostolskich, że należy niezwłocznie dać nową krew, nowe życie Kościołom w krajach „starego" chrześcijaństwa. Dotyczyło to głównie Europy, kontynentu, który coraz bardziej oddalał się od swych korzeni, od swej historii i kultury. Należało powrócić do źródeł wiary, aby misję ewangelizacji uczynić na nowo dynamiczną i wyrazistą.

Poza wspomnianym zadaniem, będącym priorytetem Kościoła i każdego chrześcijanina, który ma ewangelizować się tam, gdzie żyje, była także szczególna postawa Karola Wojtyły, którą określiłbym jako „ewangeliczna świeżość". On sam starał się nieustannie o osobistą odnowę duchową i czynił to czytając przede wszystkim Ewangelię. Przez całe życie, niemal do samego końca, codziennie czytał Pismo Święte. Stąd nieprzerwanie biło od niego wielkie pragnienie głoszenia po całym świecie Chrystusowego przesłania i umacniania wiary.

Wszelkie inne dziedziny zaangażowania, jak działanie na rzecz pokoju i sprawiedliwości, miały podłoże religijne, duchowe, miały swą podstawę w wierze, w Ewangelii. Gdyby tak nie było, Kościół sprowadzałby się do roli wielkiego centrum społecznego czy agencji pomocy międzynarodowej.

Można by powiedzieć, że cały pontyfikat Jana Pawła II był stałym wprowadzaniem w życie postanowień Soboru Watykańskiego.

Niektóre dokumenty soborowe uważał za stały punkt odniesienia dla swojej misji, zwłaszcza te, które dotyczą ludzi świeckich, zaangażowania w ekumenizm czy wolności religijnej. Punktem odniesienia była przede wszystkim konstytucja *Gaudium et spes*, przy której tworzeniu współpracował i która później była dla niego wskazówką w pracy nad coraz bardziej widoczną i znaczącą obecnością Kościoła w społeczeństwie.

Kościół miał się stawać coraz bardziej wyrazisty przez swe świadectwo, ewangeliczny zaczyn i przez służbę człowiekowi.

W każdym z pięciu obszarów poruszanych w drugiej części Gaudium et spes *– rodzina, kultura, życie gospodarczo-społeczne, polityka oraz pokój i wspólnota narodów – nastąpił znamienny postęp w porównaniu do refleksji i konkluzji, do jakich doszedł Sobór.*

Kultura była jednym z wielkich pól zainteresowań Karola Wojtyły. Wystarczy wspomnieć doroczne spotkania w Castel Gandolfo z ludźmi nauki i filozofami. Spotkania te były okazją do dialogu, wymiany myśli, ale służyły mu także jako źródło informacji, jak daleko posunął się w swym rozwoju ludzki umysł i czy postęp ten służy ludzkiemu życiu i godności.

Tu wyłania się pojęcie kultury jako podstawy wszechstronnego rozwoju istoty ludzkiej. Według Jana Pawła II kultura czyni człowieka jeszcze bardziej człowiekiem, jeszcze bardziej ludzkim. W kulturze tkwią korzenie, zasady i wartości, które określają etos narodu, zasady życia społecznego. W kulturze też, a zatem w pamięci, naród odnajduje swe korzenie oraz źródło obrony własnej tożsamości i niezawisłości. Tak czyniła Polska w długim i bolesnym okresie rozbiorów i okupacji.

O tych wszystkich sprawach Papież Polak mówił w najbardziej świeckim środowisku kultury, w UNESCO, przed powtórzeniem ich w Fides et ratio. *Twierdził tam, że pozytywne połączenie wiary i kultury może stać się prawdziwą alternatywą dla świata pozbawionego etyki i naznaczonego materializmem oraz niesprawiedliwością.*

Dowiódł tego zlecając ponowne przeanalizowanie procesu Galileusza, czego owocem było nie tylko przyznanie się do błędu popełnionego wobec naukowca z Pizy, ale także nowe spojrzenie Kościoła na kwestię badań naukowych.

Myślę, że w tym momencie w sposób ostateczny powinny upaść zarzuty skierowane w przeszłości do Jana Pawła II o próby zamrożenia czy wręcz zakopania Soboru Watykańskiego II. Wystarczy przeczytać notatki z *Testamentu* na potwierdzenie jego wierności nauce soborowej i faktu, że Sobór pozostał zawsze w centrum jego posłannictwa. Pod koniec życia również myślał o Soborze Watykańskim II, o dokończeniu jego realizacji, powierzając to zadanie – niczym dziedzictwo – nowym pokoleniom. Zwrócił się do nich słowami: „Długo jeszcze dane będzie nowym pokoleniom czerpać z tych bogactw, jakimi ten Sobór XX wieku nas obdarował".

24
Młodzież, kobiety, ruchy w Kościele

Od samego początku zaiskrzyło między Janem Pawłem II a młodymi.

„Jesteście moją nadzieją" – powiedział na początku pontyfikatu. Nie było to efektowne zdanie, lecz wyrażało ono przekonanie kogoś, kto od pierwszych lat kapłaństwa przebywał z młodzieżą, rozumiał jej problemy, sprzeczności, powody wątpliwości odnośnie do religii i Kościoła, pragnienie przemian w społeczeństwie.

Ze swej strony młodzi spoglądali na nowo wybranego papieża najpierw z zaciekawieniem, potem z coraz większą sympatią. Co prawda nie minęła jeszcze zupełnie niechęć do władzy i wszelkich form wierzeń religijnych po doświadczeniach z 1968 roku, ale ten człowiek ich przyciągał. Przyciągał autentycznością, z jaką dawał świadectwo temu, w co wierzył. I poczuciem duchowego ojcostwa i miłości, jakimi ich obdarzał.

I na tym mogło się wszystko zakończyć – zatrzymać się na początkowym etapie wzajemnego zainteresowania. Ale niebawem nastąpiła podróż Papieża do Paryża, pod koniec maja 1980 roku. Spotkanie z tysiącami młodych w Parc des Princes. Trzy godziny rozmowy: prawdziwe, odważne pytania i jasne, szczere odpowiedzi...

Podobnie jak wizyta w Meksyku zapoczątkowała erę podróży, tak spotkanie w Parc des Princes otworzyło drogę dialogu Kościoła z młodymi pokoleniami.

Tamtego dnia Papież odkrył, że młodzi gotowi są uczestniczyć we wspólnej wędrówce ku Chrystusowi. Odnalazł w nich potwierdzenie dla swego projektu umocnienia i ożywienia wiary oraz możliwości pracy duszpasterskiej pośród młodych. Młodzież zaczęła utożsamiać się z duchowymi, moralnymi i humanistycznymi wartościami, które Ojciec Święty im proponował. Doceniła jego sposób prowadzenia dialogu. Był wymagający, ale przekonujący, ponieważ darzył ich miłością.

Ze spotkania w Parc des Princes *zrodziły się Światowe Dni Młodzieży. Zaprosił młodych do Rzymu z okazji Jubileuszowego Roku Odkupienia (1983), a potem Międzynarodowego Roku Młodych ogłoszonego przez ONZ (1985). Młodzież całego świata „potrzebowała" tych spotkań. „Potrzebowała" słów Papieża, który „bez taryfy ulgowej", nie kryjąc prawd chrześcijańskich, pomagał jej na nowo szukać Boga, prawdziwego sensu postępowania zgodnie z zasadami moralnymi, różnicy pomiędzy „dobrem" a „złem". Takie słowa nieczęsto padały w rodzinach, z ust nauczycieli, władz, a nawet kapłanów.*

Powstał w ten sposób wielki ruch młodych. Młodych idących za krzyżem. Ten krzyż wręczał im Papież. Krzyż dla każdego młodego oraz krzyż, z którym mieli wyjść na drogi całego świata, głosząc Chrystusa ukrzyżowanego i zmartwychwstałego.

Papież pomógł im odkryć potencjał miłości do Chrystusa, radość bycia młodym, bycia chrześcijaninem. W ten sposób uwolnił ich od kompleksu bycia chrześcijaninem, podobnie jak próbował uwolnić katolicki świat od kompleksu prowadzącego do przeżywania wiary w zakrystiach.

Wydaje się nieprawdopodobne, ale najbardziej zbulwersowani tym wszystkim okazali się biskupi. Biskupi amerykańscy i francuscy, którzy nie wierzyli, że Dzień Młodzieży w Denver w 1993 roku czy w Paryżu w 1997 może okazać się sukcesem. Były to przecież kraje głęboko naznaczone duchem sekularyzmu i laicyzmu.

Światowa prasa przewidywała, że spotkanie w Denver zakończy się totalnym niepowodzeniem. Nawet biskupi powątpiewali, a może po prostu się bali. A jednak, zamiast oczekiwanych co najwyżej 200 tysięcy młodych, przybyło ich 700 tysięcy.

Również młodzi Amerykanie, dzieci nowoczesnej technologii, byli pod wrażeniem entuzjastycznych słów Papieża. „Nie lękajcie się iść na ulice i w miejsca publiczne" – było to wezwanie do naśladowania pierwszych apostołów, którzy głosili Chrystusa i jego orędzie zbawienia na placach miast i wsi. „Nie czas wstydzić się Ewangelii, trzeba głosić ją z wielką mocą!"

To pamiętne wydarzenie dodało biskupom odwagi do pracy nad duszpasterstwem młodych.

Obawiano się także Paryża. Wątpliwości ogarniały nie tylko biskupów, ale nawet niektóre osobistości kurii rzymskiej. Zwyciężyła jednak odwaga tego, który za wszelką cenę pragnął doprowadzić to spotkanie do skutku – kardynała Jean-Marie Lustigera, arcybiskupa Paryża. Fantastyczny udział młodych przekroczył oczekiwania całego świata. Od tej chwili zaczęto mówić o nowej „wiośnie" Kościoła francuskiego.

Dni Młodzieży ogromnie rozbudziły wiarę nie tylko wśród ludzi młodych, a każde z tych spotkań miało własną, niepowtarzalną atmosferę.

Ojcu Świętemu zapadło w serce wspomnienie Dnia Młodzieży na Jasnej Górze w Częstochowie w 1991 roku. Niewiele wcześniej runął Mur Berliński. I oto przed obliczem Matki Bożej spotkali się młodzi ze Starego Świata z tymi, którzy niedawno wyzwolili się z jarzma komunizmu. Było to zaskoczenie dla obydwu stron. Młodzi z Zachodu odkryli świeżość wiary rówieśników z Europy Środkowo-Wschodniej, a ich koledzy ze Wschodu zrozumieli, że również na Zachodzie szerzy się żywa wiara, zaangażowana w sprawy społeczne. To spotkanie utwierdziło jedność młodych w wymiarze ogólnoświatowym.

Najpiękniejszym momentem było spotkanie w Tor Vergata z okazji Jubileuszu Roku 2000. Jan Paweł II prosił wtedy dwa miliony młodych ludzi, aby się nie lękali. By nie lękali się świętości. By nie lękali się zostać świętymi!

Poruszmy teraz kwestię kobiet. One także stały się partnerkami w dialogu z Papieżem. Stały się protagonistkami w mniej klerykalnym Kościele, który w swoim wizerunku nosił również kobiecą „cząstkę" Boga, choć była ona jeszcze delikatna i ledwie widoczna, stopniowo się umacniała i potrafiła lepiej ucieleśnić Jego miłosierdzie, wrażliwość, Jego macierzyństwo.

Od najwcześniejszych lat Karol Wojtyła nosił w sercu wielki szacunek dla kobiety, szczególnie dla kobiety jako matki rodziny. Uczucie to charakteryzuje też jego rodaków, tradycje jego kraju. Ojciec Święty dostrzegał, że na świecie kobieta darzona jest coraz mniejszym szacunkiem, traktowana przede wszystkim jako obiekt pożądania, i dlatego pragnął przywrócić jej godność i podkreślić ważną rolę, jaką odgrywa w społeczeństwie i w życiu Kościoła.

Swój szacunek i poparcie dla kobiety wyraził w prawdziwym „hymnie" na cześć kobiety, jakim jest list apostolski Mulieris dignitatem.

Uczynił to nie tylko we wspomnianym dokumencie, ale w wielu innych. Chciałbym jednak przypomnieć, że poszanowanie dla kobiety Ojciec Święty wyrażał przede wszystkim swoim zachowaniem, pełnymi czułości gestami wobec kobiet podczas rozlicznych podróży i spotkań.

W liście Mulieris dignitatem *Papież przypomniał jedną ze starych prawd chrześcijaństwa, która została zapomniana, gdyż zastosowano ją w życiu Kościoła w bardzo ograniczonym stopniu. Była nią prawdziwa – jak na tamte czasy – rewolucja, jakiej dokonał Chrystus, podkreślając godność kobiety.*

Ojciec Święty uważał, że oprócz prób podjętych przez ruchy feministyczne, trzeba na nowo odczytać naturę kobiety w świetle wiary, a szczególnie postawy Jezusa wobec kobiety. Mam na myśli nowe określenie, jakim Papież opatrzył godność kobiety w jej relacjach z mężczyzną. Przypominał to, co na pierwszych stronach Biblia mówi o równości mężczyzny i kobiety. Korygował utrzymujące się przez wieki spojrzenie na kwestię „poddania", które nie dotyczy tylko kobiety w odniesieniu do mężczyzny i które powinno być rozumiane w kontekście „wzajemnego poddania".

Tak powstał List do kobiet, *w którym Papież podkreśla wielką wartość kobiecego „geniuszu", charyzmatu oraz powołania i misji, którą kobieta, poprzez swą kobiecość, ma pełnić w życiu Kościoła.*

Z czasem, gdy ucichły głosy krytyki, wiele feministek, nawet tych najbardziej radykalnych, wyraziło swą wdzięczność Ojcu Świętemu za wizerunek kobiety i jej powołania, jaki przedstawił w swym liście. Taki wizerunek kobiety nie powiela cech właściwych mężczyźnie, ale posiada własną tożsamość, prawa i oczekiwania, które społeczeństwo powinno zagwarantować i uszanować.

Choć to właśnie ze strony kobiet zerwały się najmocniejsze głosy sprzeciwu wobec Papieża, szczególnie odnośnie do kwestii kapłaństwa kobiet. Taki przypadek miał miejsce w 1979 roku, podczas podróży do Stanów Zjednoczonych, kiedy Ojciec Święty spotkał się z zakonnicami. Niespodziewanie siostra Theresa Kane poprosiła, aby kobiety zostały włączone do „pełnienia wszystkich urzędów w Kościele".

W tym przypadku, podobnie jak w wielu innych sytuacjach, Ojciec Święty z pełnym szacunkiem odnosił się do osób, starał się zrozumieć ich idee. Przypominał jednak zawsze stanowisko Kościoła, w tym wypadku stanowisko wobec kapłaństwa kobiet. Mówił: „Jezus mógł postąpić inaczej, ale nie uczynił tego. I my pozostajemy wierni temu, co mówił i czynił Jezus".

Począwszy od I wieku chrześcijaństwa, uczestnictwo kobiet w życiu Kościoła nigdy nie było tak intensywne jak obecnie. Nigdy wcześniej na świecie kobiety, świeckie i konsekrowane, nie były tak bardzo zaangażowane w pełnienie funkcji, które kiedyś rezerwowano dla kapłanów i mężczyzn. Nigdy nie odnotowano, aby całe pola działalności Kościoła, jak katechizacja czy dzieła miłosierdzia, prowadzone były właściwie tylko przez kobiety. Jan Paweł II czuł się zobowiązany zaapelować do wspólnoty Kościoła o usunięcie wszelkich form „dyskryminacji" w stosunku do kobiet.

Każda rewolucja, niezależnie od jej wymiaru, musi pociągnąć za sobą zmianę mentalności, a wcześniej jeszcze przemianę serc, aby przezwyciężyć niechęć do nowości. Chciałbym jednak przypomnieć, że Jan Paweł II udostępnił kobietom znaczną przestrzeń w Kościele, między innymi poprzez umożliwienie im udziału w Synodzie Biskupów i w międzynarodowych konferencjach. Na przykład w Pekinie, wśród dwudziestu dwóch członków delegacji Stolicy Apostolskiej było czternaście kobiet, a na jej czele stała Mary Ann Glendon, przewodnicząca Papieskiej Akademii Nauk Społecznych. Ojciec Święty coraz szerzej włączał kobiety w życie organizmów kurialnych. I tak siostra Maria Rosanna pełni funkcję podsekretarza Kongregacji ds. Instytutów Życia Konsekrowanego i Stowarzyszeń Życia Apostolskiego. Papież spotykał się też często z kapitułami generalnymi żeńskich zgromadzeń zakonnych.

Należy jeszcze wspomnieć o tych, którzy wspierając posłannictwo Papieża, stanowią największą nowość w życiu współczesnego katolicyzmu. Chodzi o ruchy kościelne. Nigdy wcześniej nie odnotowano tak bujnego rozkwitu ruchów, takiej ich liczebności, różnorodności.

Karol Wojtyła miał okazję poznać nowe ruchy w Kościele, kiedy był metropolitą krakowskim. W tamtym czasie troszczył się głównie o ich obronę, ponieważ reżim marksistowski ze strachu chciał je wszystkie wyeliminować. Tak było w przypadku Ruchu Światło-Życie, założonego przez księdza Franciszka Blachnickiego, który był więźniem hitlerowskiego obozu, następnie komunistycznego reżimu, aż w końcu zmarł na wygnaniu.

Jako papież Karol Wojtyła doceniał działalność ruchów w Kościele i prowadził je ku dojrzałości kościelnej, kierując stopniowo na drogę ewangelizacji. Mawiał, że są wielkim darem Ducha Świętego. Wyjaśniał też, że właśnie w trudnym dla wspólnoty katolickiej okresie po zakończeniu Soboru Watykańskiego II, Duch Święty obdarzył Kościół ruchami, które wypełniły pustkę duchową i niedostatek działalności misyjnej. Zjawisko podobne, pomijając historyczne różnice, wystąpiło w przypadku zakonów w dobie średniowiecza.

Istnieją ruchy, które narodziły się w trakcie II wojny światowej lub tuż po jej zakończeniu. Inne zaś odnowione zostały przez Sobór lub zrodziły się w klimacie posoborowej reformy.

Niektóre z nich kładą nacisk na ożywienie tożsamości katolickiej (Comunione e Liberazione – Jedność i Wyzwolenie) lub na doświadczenie nawiązujące do wspólnoty wczesnochrześcijańskiej (Neokatechumenat), inne na dialog międzyreligijny jako drogę do osiągnięcia pokoju (jak czynią to Wspólnota Świętego Idziego i Ruch Focolari). Jeszcze inne porzuciły charakter piety-

stycznej pobożności na rzecz zaangażowania na płaszczyźnie społecznej (Odnowa w Duchu Świętym).

Ojciec Święty śledził ich działalność i rozwój. Zawdzięczał to zwłaszcza bliskim kontaktom z ich założycielami. Znał ich dobrze i łączyła ich duchowa więź. Chciałbym przypomnieć postać księdza Luigiego Giussaniego (który zmarł kilka tygodni przed odejściem Jana Pawła II), Chiarę Lubich, Kiko Argüello i Carmen Hernández, Andreę Riccardiego, Jeana Vanier i wielu innych.

W tej samej perspektywie Ojciec Święty doceniał apostolskie i świeckie zaangażowanie Opus Dei. Oczywiście, zawsze podkreślał istotną działalność Akcji Katolickiej i jej zakorzenienie w parafiach i wyrażał życzenie, by pogłębiała swoje tradycyjne zaangażowanie w sprawy Kościoła oraz w dziedzinie formacji

W dniu Zesłania Ducha Świętego w 1998 roku ta nowa rzeczywistość została uznana. Jan Paweł II, choć wzywał ruchy do przezwyciężenia wszelkich form rywalizacji i skłonności do elitaryzmu, zawsze bronił ich niezależności i wolności wobec ewentualnych nacisków ze strony kurii czy episkopatu.

Takie stwierdzenie jest może przesadne. Ale prawdą jest, że gdy narastały sytuacje konfliktowe między biskupami a jakimś ruchem, czy też były niezbędne pewne korekty, Jan Paweł II interweniował, ale starał się patrzeć na wszystko twórczo i z ufnością. Wspierał wszelkie zdrowe ruchy w Kościele, oczywiście nie podważając nigdy wartości parafii, ponieważ dostrzegał w nich wielką siłę duszpasterską i potężne źródło powołań kapłańskich.

Nie myślał nigdy, żeby ruchy miały stanowić niebezpieczeństwo i stać się przedsionkiem prowadzącym do sekciarstwa lub – co gorsza – rozbijania wspólnoty kościelnej.

Zbyt wcześnie na wyrażanie ostatecznej opinii i na pominięcie wciąż jeszcze istniejących wątpliwości i obaw, choć niewątpliwie właśnie dzięki tym ruchom Kościół katolicki zmienia swój wizerunek.

Z pewnością zawdzięczamy im ożywienie ducha, które przyczyniło się do powstania nowych form apostolatu, a zarazem zaangażowania społecznego. Dzięki temu dziś Ewangelia dociera tam, gdzie kiedyś było to niemożliwe, szczególnie do licznych grup młodzieży.

Jest nadzieja, jak mawiał Jan Paweł II, że proces dojrzewania tych ruchów umożliwi kształtowanie dojrzałych chrześcijan, prawdziwych świadków wiary we wszystkich sferach społeczeństwa, od rodziny po kulturę i politykę.

25
Teresa – „siostra Boga"

Kiedy w lutym 1986 roku Karol Wojtyła opuszczał Dom Konających, Nirmal Hriday Ashram, był wyraźnie przejęty, poruszony. Wraz z Matką Teresą zatrzymywał się przy łóżkach kobiet i mężczyzn, stojących na progu śmierci, karmił trędowatych. Gdy wyszedł na zewnątrz, w geście podziękowania wszystkim Misjonarkom Miłosierdzia za ich niezwykły dowód miłości, objął Matkę Teresę i mocno ją przytulił. W jego silnych ramionach wydawała się jeszcze bardziej delikatna i krucha.

Jedna z osób stojących tuż przy nich powiedziała mi później, że usłyszała, jak Ojciec Święty zwracał się do Matki Teresy słowami: „Gdybym mógł, stąd byłbym Papieżem". Nigdy nie zapytałem, czy faktycznie tak powiedział, wydawało mi się to pytanie zbyt intymne. Powracam myślą do tamtego spotkania i sądzę, że taka odpowiedź wydaje się bardzo prawdopodobna. Papież był wyraźnie poruszony widokiem Chrystusa ukrzyżowanego w umęczonym ciele tamtych ludzi. Stojąc tuż obok Matki Teresy, w konkretnej sytuacji jej codzienności i posługi, po raz kolejny zrozumiał, że człowiek może osiągnąć poczucie pełnego szczęścia w absolutnie bezinteresownym poświęceniu się innym. Matka Teresa była osobą szczęśliwą.

Matkę Teresę i Karola Wojtyłę łączyła głęboka więź. Pomimo odmiennych dróg formacji, obydwoje byli ludźmi o naturze kon-

templacyjnej. To dzięki mistycznemu wymiarowi ich dusz, zaangażowali się w działanie charytatywne, społeczne, apostolskie. Matka Teresa dotarła na nizinę Kalkuty, aby tam poświęcić się trędowatym i konającym. Karol Wojtyła przeżył wojnę i ucisk dwóch systemów totalitarnych. Ich drogi splotły się poprzez dawanie przykładem własnego życia świadectwa najwyższej wartości każdej osoby, choćby zajmowała ona ostatnie miejsce w społecznej hierarchii.

Obydwoje posługiwali się charakterystycznym dla świadków językiem gestów – gestów mocnych, odważnych, jednoznacznie odbieranych przez współczesnych ludzi, nawet jeśli nie są chrześcijanami, nawet jeśli nie są wierzący.

Istniała między nim duchowa nić porozumienia właściwa osobom, które kochają Boga miłością absolutną. Pozwoliła ona na nawiązanie głębokiej przyjaźni i na wzajemne zrozumienie. Nie musieli wiele mówić, momentalnie odczytywali swoje myśli.

Poznali się na początku lat siedemdziesiątych, a znajomość ta umocniła się, kiedy Karol Wojtyła został papieżem. Matka Teresa za każdym razem informowała mnie o swoim pobycie w Rzymie i przychodziła do Ojca Świętego. Opowiadała mu o rozwoju wspólnoty Misjonarek Miłosierdzia, o nowych domach, które udawało jej się otworzyć w krajach nieprzystępnych dla Kościoła katolickiego, takich jak Rosja.

Matka Teresa była w pewnym sensie lustrzanym odbiciem Ojca Świętego. Jej misja była wcieleniem głównych zamierzeń pontyfikatu Karola Wojtyły, takich jak obrona życia i rodziny, ochrona praw człowieka, zwłaszcza najbiedniejszych, promowanie godności kobiety. Kiedy Matka Teresa otrzymała Pokojową Nagrodę Nobla, którą przyjęła „w imieniu nienarodzonych dzieci", Papież poprosił ją, aby została „ambasadorką" życia na świecie. „Niech Matka idzie i wszędzie niesie tę nowinę. Niech Matka mówi w moim imieniu tam, gdzie ja nie mogę dotrzeć".

Na początku Matka Teresa miała pewne obawy. Twierdziła, że misja, jaką zlecił jej Papież, przerasta jej siły. W krótkim czasie jednak wydobyła z siebie całą „energię" i stała się prawdziwym apostołem życia. Podróżowała po świecie i głosiła godność osoby ludzkiej, obronę życia od poczęcia aż po godzinę śmierci. Ojciec Święty był jej wdzięczny za zaangażowanie i za odwagę, z jaką to zadanie wypełniała.

Pewnego dnia, latem 1982 roku, pojawiła się niespodziewanie w Castel Gandolfo. Pragnęła otrzymać od Jana Pawła II błogosławieństwo na wyjazd do Libanu. Zaprowadziłem ją do Ojca Świętego, który właśnie przyjmował grupę młodzieży. Posadził ją przy sobie i wytłumaczył młodym, że Matka udaje się właśnie do kraju rozdartego wojną domową.

Wyjeżdżając, Matka Teresa zabrała ze sobą świecę z wizerunkiem Matki Bożej. Kiedy dotarła do Bejrutu, uzyskała zawieszenie broni do czasu jej całkowitego wypalenia się. Dzięki temu udało się ocalić około siedemdziesięcioro niepełnosprawnych dzieci, pośród których prawie wszystkie były dziećmi muzułmańskimi.

Matka Teresa już w chwili śmierci była dla wielu świętą. Tak postrzegali ją nawet hinduiści i muzułmanie. Dowiedziała się o tym w ostatnim okresie życia, mimo to nigdy nie przywiązywała do tego wagi. Dojrzała do przekonania, że świętość nie jest „luksusem" dla garstki wybranych, ale darem dla wszystkich, i polega wyłącznie na codziennym wypełnianiu woli Bożej.

Jej odejście było dla Ojca Świętego przyczyną wielkiego bólu. Powiedział: „Zostawiła nas wszystkich osieroconych". Nazwał ją prawdziwą „siostrą Boga", podobnie jak brata Alberta Chmielowskiego określił mianem „brata naszego Boga". Wieczorem, gdy dotarła wiadomość o jej śmierci, Jan Paweł II nie krył nadziei, że zakonnica wkrótce będzie ogłoszona świętą.

Rzeczywiście, niecałe dwa lata później wydał zgodę na otwarcie procesu beatyfikacyjnego i skrócił całe postępowanie. Nie robił niczego na siłę, był po prostu przekonany o jej świętości. Pamiętał, że jej świadectwo podbiło serca całego świata, ponad podziałami ideologicznymi, kulturowymi i religijnymi.

Ojciec Święty był z pewnością szczęśliwy, że miał możliwość wynieść do chwały ołtarzy taką kobietę, jak Matka Teresa, bowiem poznał ją osobiście. Podobnie jak w przypadku Ojca Pio, do którego udał się jako młody ksiądz, aby się wyspowiadać (nigdy natomiast nie został mu przepowiedziany przyszły wybór na Następcę Świętego Piotra). Byli też święci bliscy jego sercu, jak ojciec Maksymilian Kolbe, męczennik miłości, czy siostra Faustyna Kowalska, apostołka Bożego Miłosierdzia, lub święte, które odcisnęły piętno na jego życiu, jak siostra Teresa Benedykta od Krzyża, czyli zamordowana w Auschwitz Edith Stein.

Jan Paweł II potraktował poważnie zapis Soboru Watykańskiego II o powszechnym „powołaniu" do świętości. W czasie swego pontyfikatu beatyfikował 1345 osób, a 483 kanonizował. A jednak ta nowość, jedna z największych, była często krytykowana i podważana. Mówiono o „inflacji" czy o „fabryce świętych".

To Sobór Watykański II zaproponował wszystkim wysoki poziom codziennej egzystencji chrześcijańskiej, a zatem każdy, naprawdę każdy może zostać świętym, nawet prowadząc zupełnie normalne, skromne życie. Chciałbym przypomnieć, że już Paweł VI ustanowił prostsze procedury kanonizacyjne. Niezaprzeczalną prawdą jest, że podczas długoletniego – nie zapominajmy o tym – pontyfikatu Jana Pawła II zostało ogłoszonych bardzo wielu świętych i błogosławionych.

Osobom, które go krytykowały, Ojciec Święty odpowiedział żartem: „To wina Ducha Świętego". W rzeczywistości nie był to jedynie żart.

Kościół stał się prawdziwie powszechny, Dobra Nowina dotarła do najdalszych zakątków naszego globu i w sposób oczywisty przesłanie chrześcijańskie rozprzestrzeniło się i zaczęło wydawać owoce. Beatyfikacje, jako wyraz działania Ducha Świętego, są najbardziej czytelnym znakiem duchowej dojrzałości, która stała się szczególnym atutem młodych Kościołów.

Istotnie, przez długi czas świętość zdawała się być monopolem Kościołów dawnej ewangelizacji, zwłaszcza duchowieństwa, a nade wszystko osób zakonnych.

Jan Paweł II pragnął, aby narody całego świata mogły oddawać cześć i modlić się do własnych świętych i błogosławionych. Świętych wszystkich narodów świata, nie tylko tych w basenie Morza Śródziemnego czy narodów wyłącznie europejskich. Pragnął, aby świętość otwierała się przed wszystkimi członkami ludu Bożego. Dowodem tego był wzrost liczby świętych spośród laikatu, par małżeńskich.

Błogosławieni i święci wytyczają drogę, którą podąża Kościół. Tworzą historię Kościoła na przestrzeni wieków i są jego duchową pamięcią. Stanowią tym samym zasadniczy element w życiu Kościoła, są świadectwem jego żywotności i potwierdzeniem, że działalność ewangelizacyjna Kościoła zmierza we właściwym kierunku.

Jednym słowem, skoro Kościół jest w stanie wychować do świętości, sam także jest święty, święty świętością Chrystusa.

Powracają w pamięci słowa Matki Teresy, która mawiała, że świętość polega po prostu na codziennym wypełnianiu woli Bożej.

Może właśnie dlatego Janowi Pawłowi II było żal, przynajmniej tak mi się wydaje, że nie zdążył wynieść do chwały ołtarzy swoich dwóch przyjaciół, którzy właśnie tak żyli, którzy każdego dnia wypełniali wolę Bożą. Jednym z nich był Jan Tyranowski, krawiec-katecheta, który pomógł mu odkryć karmelitański mistycyzm świętego Jana od Krzyża i świętej Teresy od Dzieciątka Jezus. Drugi to Jerzy Ciesielski, jeden z młodych członków Środowiska, inżynier i wykładowca, który zginął tragicznie w katastrofie statku na Nilu.

To właśnie Jan zawsze powtarzał młodemu Karolowi Wojtyle zdanie zasłyszane od pewnego księdza: „Nie jest trudno być świętym". Chciał przez to powiedzieć, że świętość to brama szeroko otwarta dla wszystkich.

26
Upadek Muru

I tak dotarliśmy do niewiarygodnego roku 1989.

Jan Paweł II nie spodziewał się tego. Oczywiście, uważał, że system ten, w swojej niesprawiedliwości społecznej i słabości gospodarczej, skazany jest na upadek. Jednak Związek Radziecki pozostawał terytorialną, polityczną, militarną i nuklearną potęgą. Dlatego Ojciec Święty, nie uważając się – jak mawiał żartobliwie – za proroka, nie przypuszczał, że do obalenia komunizmu dojdzie tak szybko. I że proces wyzwolenia może być błyskawiczny i bezkrwawy.

Najbardziej zaskakujący okazał się sposób, w jaki to się wszystko dokonało. Z wyjątkiem wydarzeń w Rumunii, będących konsekwencją porachunków między grupami w łonie komunistycznej władzy, dokonano pokojowej rewolucji, która wybuchła niemal równocześnie we wszystkich stolicach bloku sowieckiego: w Berlinie, w Budapeszcie, Warszawie, Pradze, w Sofii, Bukareszcie i, do pewnego stopnia, także w Moskwie.

Wydaje się więc nieprawdopodobne – wbrew wygodnej wersji, którą niektórzy wtedy wysuwali – że to „nowy" Kreml Michaiła Gorbaczowa, niezależnie od jego niewątpliwych zasług, pilotował przewrót, kierując go na drogę bez przemocy, by uniknąć traumatycznego przejścia. Natomiast u początków był napór ludu, kierującego się nieustannym pragnieniem wolności i utratą jakichjkol-

wiek nadziei pokładanych w tych, którzy obiecywali zbudowanie raju na ziemi.

Ojciec Święty uznał te wydarzenia za jedną z największych rewolucji w dziejach. Z perspektywy wiary, potraktował ją jako interwencję Boga, jako łaskę. Upadek komunizmu i wyzwolenie narodów z jarzma marksistowskiego totalitaryzmu były dla Papieża niewątpliwie związane z objawieniami fatimskimi, z zawierzeniem świata, a w szczególności Rosji – Matce Bożej, zgodnie z tym, o co ona poprosiła Kościół i Papieża. „Jeśli przyjmą moją prośbę, Rosja się nawróci i zapanuje pokój; jeśli nie, jej błędy rozniosą się po całym świecie" – tak było napisane w pierwszych dwóch częściach „sekretu".

25 marca 1984 roku, na placu Śświętego Piotra, przed figurą Matki Bożej specjalnie przywiezioną z Fatimy, w duchowej jedności ze wszystkimi biskupami świata, Jan Paweł II dokonał aktu zawierzenia Maryi. Nie wymienił imiennie Rosji, ale wyraźnie nawiązał do narodów, które „szczególnie tego potrzebują".

Tak wypełniło się pragnienie Matki Bożej. I to wtedy miały swój początek wydarzenia prowadzące do rozsypania się komunistycznego świata.

To nie jest wyłącznie moje zdanie. Opinię tę podzielają liczni biskupi ze Wschodu.

Trzeba umieć odczytywać znaki czasów.

Słuszne jest stwierdzenie, że zmierzch komunizmu wynikał z upadku jego programu polityczno-ideologicznego, systemu społecznego, a zwłaszcza planów gospodarczych. Ale jest również prawdą, że wcześniej jeszcze – jak napisał Karol Wojtyła w encyklice Centesimus annus *– był to upadek porządku duchowego wynikającego z prometejskiego domniemania, że można zbudować nowy świat, stworzyć nowego człowieka eliminując z tego świata Boga i wykreślając go z ludzkiego sumienia.*

Potwierdzenie zmian nastąpiło już miesiąc po upadku Muru. Po raz pierwszy, siedemdziesiąt lat po rewolucji październikowej, do Watykanu przybył przywódca państwa sowieckiego, a zarazem partii komunistycznej. Towarzyszyli mu – co za ironia historii – nie Kozacy, którzy napoiliby swoje konie przy fontannach na placu świętego Piotra. Towarzyszył mu ciężar porażki ideologicznej.

To był kres długiego dramatycznego konfliktu pomiędzy najpotężniejszą instytucją religijną świata, a największą próbą narzucenia ateistycznego „credo", do jakiej kiedykolwiek doszło w historii.

Mniej więcej w takiej scenerii doszło do pierwszego spotkania Papieża z Gorbaczowem, podczas którego uścisnęli sobie dłonie.

Jan Paweł II powiedział po rosyjsku: „Witam Pana. Bardzo się cieszę, że mogę Pana poznać".

Gorbaczow odpowiedział: „Ale my wielokrotnie mieliśmy już ze sobą kontakt..." (miał na myśli wymianę korespondencji z Papieżem).

Jan Paweł II: „Tak, tak, ale na papierze. A teraz musimy porozmawiać" (nie znajdując odpowiednich słów po rosyjsku, zwrócił się po włosku, a tłumacz przełożył).

Potem weszli do prywatnej biblioteki i usiedli przy biurku. Jeden naprzeciw drugiego.

Jan Paweł II powiedział: „Panie Prezydencie, przygotowałem to spotkanie poprzez modlitwę..."

Odpowiedź Gorbaczowa przytoczył sam Jana Paweł II kilka tygodni później, rozmawiając w samolocie z dziennikarzami: „Mój rozmówca wydawał się bardzo zadowolony z papieskiej modlitwy. Mówił, ze modlitwa jest niewątpliwie znakiem ładu, wartości duchowych, i że my tych wartości bardzo potrzebujemy...".

Dlatego było to spotkanie historyczne, jeden z wielkich znaków zmian w historii. Gorbaczow nie tylko podkreślił istotną rolę duchowego wymiaru osoby ludzkiej, jego wpływu na życie społeczne, lecz zainteresował się także papieskimi dokumentami poświęconymi nauce społecznej Kościoła.

Przewodniczący Prezydium Rady Najwyższej Związku Radzieckiego, nawiązując do sytuacji w swoim kraju, przyznał z głębokim przekonaniem, że kontynuacja dawnej polityki nie jest już możliwa. Chociaż w tamtym momencie odniosłem wrażenie, że Gorbaczow nie miał na myśli zasadniczych, gruntownych zmian, do których doszło później w byłym imperium sowieckim. Myślał raczej o zmianach bardziej formalnych, o przejrzystości i wolności związanych z *pieriestrojką*, a zatem o możliwości wprowadzenia komunizmu o „ludzkim obliczu". Nie zamierzał natomiast przekształcać marksizmu od wewnątrz.

Za rzecz znamienną trzeba uznać nie tylko samą wizytę radzieckiego prezydenta w Watykanie, ale także wypowiedziane przez niego słowa. „Wszystko to, co w ostatnich latach miało miejsce w Europie Wschodniej, nie byłoby możliwe, gdyby nie obecność tego Papieża, gdyby nie jego wielka rola, także polityczna, którą potrafił odegrać na arenie międzynarodowej".

To były słowa wyraźnego uznania wobec Jana Pawła II. A może również, choć nie do końca świadomie, Gorbaczow wyraził w ten sposób uznanie dla Kościołów (nie tylko Kościoła katolickiego), które poprzez cierpienia, męczeństwo i opór stawiany państwowemu ateizmowi napełniały miliony kobiet i mężczyzn nadzieją, że powrót do wolności jest możliwy.

Śledząc drogę, którą przemierzyły całe narody, również Papież ruszył „z pielgrzymką ku wolności". Na początek udał się do Czechosłowacji. Do komunistycznego kraju, który prawdopodobnie był najszczelniej zamknięty na chrześcijańskie przesłanie i najbardziej wrogi Janowi Pawłowi II.

Prezydent Václav Havel, przy powitaniu Ojca Świętego, najdoskonalej nazwał historyczny wymiar papieskiej wizyty. „To cud", powiedział. Sześć miesięcy wcześniej Havel, aresztowany jako wróg państwa, przebywał jeszcze w więzieniu, a teraz witał pierwszego słowiańskiego Papieża. Pierwszego papieża, który postawił nogę na tej ziemi.

Ten „cud" miał swój początek w Bazylice świętego Piotra w poprzednim roku, 12 listopada, kiedy odbyła się kanonizacja Agnieszki Czeskiej. Z tej okazji, ze swojej Ojczyzny i z zagranicy przybyło do Rzymu co najmniej dziesięć tysięcy Czechów i Słowaków. Pokazali się silni, zjednoczeni, pozbawieni strachu. Papież powiedział im wtedy: „Wasze pielgrzymowanie nie powinno zakończyć się w dniu dzisiejszym. Ono musi trwać nadal...". I rzeczywiście trwało, aż do momentu, w którym przerodziło się w „aksamitną rewolucję" i w ciągu dziesięciu dni zmieniło oblicze Czechosłowacji. Było to niczym druga „Praska Wiosna".

Po zakwestionowaniu traktatu jałtańskiego Europa przestała być podzielona. Zniknęła żelazna kurtyna. Zakończyła się „zimna wojna". Powoli dawały się zauważyć ogromne szkody, które przez długie lata wyrządził marksizm.

Nazwano to prawdziwą „antropologiczną katastrofą". Człowiek, przebudzony po długotrwałym i mroźnym okresie totalitaryzmu, zdawał się niezdolny do uświadomienia sobie, że jest nareszcie wolny. Podczas gdy nad Wschodem Europy wciąż wisiała ciężka „spuścizna" komunizmu, z Zachodu docierał model społeczeństwa zeświecczonego, zarażonego konsumpcjonizmem, a szczególnie praktycznym materializmem, który wymazywał prawdziwe wartości człowieka i jego życia.

Powracając w czerwcu 1991 roku do Polski, Jan Paweł II mógł wreszcie usankcjonować przejście od totalitaryzmu do demokracji. Jednocześnie doświadczył, jak trudna była jej rzeczywistość dla tych, którzy przez tak długi czas pozbawieni byli wolności. Jak zauważył jego następca na stolicy krakowskiej, kardynał Franciszek Macharski, także Kościół musiał nauczyć się wypełniać swą misję nie w warunkach codziennego stawiania czoła dyktatorskiemu reżimowi, ale w sytuacji odzyskanej wolności oraz kulturowego i politycznego pluralizmu.

Jako temat homilii Ojciec Święty obrał Dekalog i przykazanie miłości. Czyli odnowę ducha jako niezbędny warunek każdej przemiany, każdego zaangażowania społecznego, oraz wymiar moralny jako podstawę każdej demokracji. Na końcu wyznał: „Nie wszystkim spodobały się moje przemówienia".

Największy ból sprawiły Papieżowi wydarzenia, które miały miejsce dwa lata później, kiedy komuniści wygrali wybory. Po odzyskaniu wolności, naród, w demokratycznym głosowaniu, opowiedział się za marksistowską lewicą. Ten głos nie wynikał z poparcia dla marksizmu, lecz z krytycznego stosunku wobec kapitalizmu i wolnego rynku. Wiele osób, nieprzygotowanych do nowego sposobu życia, ucierpiało na nim i zmuszonych było do wielkich wyrzeczeń. I tak, szczególnie ludzie prości zaczęli narzekać, że przedtem żyło się lepiej.

Prawie wszystkie kraje byłego reżimu komunistycznego przeżyły w sposób nieunikniony trudne chwile. Był to etap przejściowy, etap ugruntowywania się nowej sytuacji, ale była to zarazem okazja, której nie należało stracić. Jedyna okazja, aby zmienić bieg historii, przemienić stosunki między narodami, zamknąć definitywnie tragiczny rozdział zapisany przez dwa totalitaryzmy, które jeden po drugi, próbowały stłumić wolność i ducha chrześcijaństwa w Europie.

Nic nie mogło mieć zatem bardziej symbolicznej wymowy od obecności Jana Pawła II i kanclerza Helmuta Kohla przy Bramie Brandenburskiej w Berlinie, 23 czerwca 1996 roku. Bramie, która – jak wspomniał Papież – okupowana była przez dwie niemieckie dyktatury, nazistowską, a potem komunistyczną, która „prze-

kształciła" ją w Mur. Bramie, która stała się teraz „świadkiem tego, że ludzie, zrzucając jarzmo niewoli, uwolnili się od niego".

Dla Ojca Świętego był to czas pełen emocji i wzruszeń, choć, co przyznaję z pewną goryczą, wielu ludzi w Europie nie zdało sobie w pełni sprawy z ogromnej wagi tego gestu Papieża – przejścia przez Bramę, która była symbolem hitlerowskiego triumfu. Nie dlatego, że był to Papież – Karol Wojtyła. Następnie ważna była beatyfikacja ofiar obozów koncentracyjnych na tym samym stadionie, na którym w obecności Hitlera odbyły się igrzyska olimpijskie.

Przejście przez Bramę Brandenburską było dla Jana Pawła II znakiem definitywnego zakończenia II wojny światowej, a uroczystość na stadionie była widocznym przypieczętowaniem zwycięstwa Boga w straszliwej walce ze złem.

27

Nie wygrał kapitalizm!

Upłynęło zaledwie sześć miesięcy od upadku Muru Berlińskiego, kiedy Papież w Meksyku, w przemówieniu do przedsiębiorców, komentował zmiany, jakie zaszły w Europie Środkowo-Wschodniej. Mówił, że upadek realnego socjalizmu nie oznacza zwycięstwa systemu kapitalistycznego. W świecie nadal panuje ubóstwo i ogromne dysproporcje w podziale zasobów naturalnych. Jest to spowodowane liberalizmem pozbawionym określonych reguł, nie biorącym pod uwagę wspólnego dobra, szczególnie w krajach Trzeciego Świata.

W obliczu nie do końca jeszcze stabilnej sytuacji była to analiza odważna, ale nie pozostawiająca wątpliwości. A jednak na Zachodzie niektórzy komentatorzy uznali przemówienie Papieża za „skandaliczne". Próbowano wręcz przypisać Janowi Pawłowi II „nostalgię" za komunizmem.

Nie zrozumieli, albo nie chcieli zrozumieć jego przesłania. Ojciec Święty postrzegał historię w perspektywie teologiczno-moralnej, a nie politycznej czy gospodarczej. Dlatego z własnej obserwacji był w stanie wyciągnąć wniosek, że po upadku marksizmu nie można było zaprowadzić nowego porządku społecznego wyłącznie w oparciu o system, który traktuje człowieka przedmiotowo, ograniczając go do roli trybu maszyny produkcyjnej.

Podstawowym zadaniem było przywrócenie człowiekowi pracy jego podmiotowości. Dopiero wtedy można zastanawiać się nad kierunkiem rozwoju gospodarczego opartego na solidarności i wzajemnym zaangażowaniu. Dopóki pracownicy nie uczestniczą w decyzjach i w udziale w zyskach przedsiębiorstwa, nie jest możliwe osiągnięcie prawdziwego pokoju społecznego ani realnego rozwoju kraju.

Prawdą jest jednak, że podczas gdy w ciągu pierwszych dziesięciu lat pontyfikatu Jan Paweł II uznawany był za zdeklarowanego antykomunistę, teraz przedstawiany był jako przeciwnik kapitalizmu, a wręcz sympatyk komunizmu. Mogłoby to wyjaśniać powody, dla których tak długo interpretowano demagogicznie i błędnie jego nauczanie społeczne, a bardziej ogólnie jego humanizm.

Dzięki doświadczeniu z Polski i studiom filozoficznym, Karol Wojtyła wzbogacił nauczanie papieskie o koncepcję człowieka i historii, która nie była dłużnikiem żadnego systemu kulturowego ani politycznego. Dostrzegł elementy pozytywne zarówno w marksizmie, jak i w kapitalizmie. Uwypuklił także ich poważne braki, ponieważ w żadnym z tych systemów, niezależnie od tego, czy środki produkcji były państwowe czy prywatne, nie brano pod uwagę centralnego miejsca człowieka w procesach gospodarczych i politycznych.

Karol Wojtyła nie był człowiekiem stronniczym. Mogę szczerze zaświadczyć, że nie był zwolennikiem ani Moskwy, ani Waszyngtonu. Był człowiekiem Bożym. Otwartym na wszystkich. Był człowiekiem wolnym. I nigdy nie dał się manipulować ugrupowaniom politycznym.

Właśnie od tego należałoby zacząć, aby zrozumieć „polityczny" zarys tego pontyfikatu. „Polityczny", czyli jak Jan Paweł II interpretował i aktualizował naukę społeczną Kościoła, stosując kryteria moralne dla opisania zjawisk społeczno-ekonomicznych.

W ten sposób, co szczególnie wyraźnie widać w encyklice *Centesimus annus*, Ojciec Święty nakreślił model społeczeństwa, w którym możliwe byłoby połączenie sprawiedliwości i solidarności, praw i obowiązków osób, etyki oraz zaangażowania społecznego i politycznego.

Czynił to wszystko nie ingerując nigdy w decyzje techniczne – w to, „w jaki sposób" realizować te zamierzenia. W przeciwnym razie Kościół wyszedłby poza obszar swego działania, obejmujący misję duszpasterską, a także krytyczną refleksję nad „zgodnością" procesów społecznych z drogą wytyczoną przez Stworzyciela.

Nie bez powodu pewnego razu papież Wojtyła stwierdził, że Kościół nie może pozwolić, by jakakolwiek ideologia bądź nurt polityczny odebrał mu „sztandar sprawiedliwości", który jest jednym z podstawowych wymagań Ewangelii i stanowi rdzeń jego nauki społecznej.

Rozmowa na temat sprawiedliwości daje początek rozważaniu na temat praw. Praw każdej istoty ludzkiej, której należy bronić w zakresie jej godności i wolności. Także praw każdego narodu, który należy szanować w jego niezawisłości, niezależności, mimo że włącza się do kręgu solidarności z innymi narodami, stanowiącymi razem światową wspólnotę.

Jan Paweł II odnowił zasady humanitarne jako ideały przynależne chrześcijaństwu, a które przez długi czas wydawały się wyłączną zdobyczą oświecenia i rewolucji francuskiej. W ten sposób prawa osoby ludzkiej, które stały się ponownie integralną częścią chrześcijańskiego nauczania, odnalazły swą etyczną podstawę, zapewniającą im niepodzielność i powszechność.

Ojciec Święty nie miał zatem najmniejszego zamiaru ponownie stawiać barier wobec świata. Przeciwnie – chciał służyć człowiekowi i wspierać go w elementarnych prawach, poczynając od prawa do życia.

Nie można nie wspomnieć tu o jednym ze słabiej zrozumianych, za to mocno dyskutowanych i krytykowanych aspektach pontyfikatu Jana Pawła II. Chodzi o postrzeganie Kościoła w kategoriach „siły społecznej". Kościół, działając w społeczeństwie, w służbie wspólnego dobra, może stanowić istotny element odnowy społecznej. Wynika to z jego misji, z wcielania w życie Ewangelii. A więc jest to dawanie świadectwa przesłaniu Chrystusa nie po to, aby „zdobyć" społeczeństwo, podporządkować je sobie, zacierając ugruntowane już różnice pomiędzy rolą Kościoła a rolą państwa.

Chciałbym przypomnieć, że właściwie wszystkie systemy, nie tylko totalitarne, zawsze usiłowały wyeliminować religię, a przynajmniej zredukować ją do obecności „w zakrystii" bądź wykorzystać do celów politycznych. Pragnę przypomnieć, że przez bardzo długi czas, i to nie tylko w tzw. imperium radzieckim, place i ulice należały wyłącznie do lewicy, były domeną komunistów. A słowa, które słyszeliśmy z ust Jezusa, chrześcijańskie słowa, jak na przykład „pokój", były zarezerwowane wyłącznie dla pewnych ruchów i partii politycznych.

Jan Paweł II sprzeciwił się temu wszystkiemu. Powiedział... „nie!". Wyszedł na ulice, na place, aby nie oddać tej „przestrzeni" innym.

Kościół obecny jest tam, gdzie jest człowiek. Stara się towarzyszyć w drodze człowiekowi i społeczeństwu, ale zawsze na płaszczyźnie moralnej. Nie wolno mu bezpośrednio angażować się w politykę! Natomiast pełnoprawnym obowiązkiem Kościoła jest ocena moralna, również w zakresie społecznym i politycznym. Do wiernych świeckich należy zatem zaangażowanie w życie publiczne, a w szczególności w sprawy polityki.

Powraca w pamięci znamienne przemówienie Jana Pawła II, które niestety nigdy nie zostało dostatecznie dostrzeżone przez opinię publiczną. Chodzi o przemówienie wygłoszone w paź-

dzierniku 1988 roku na forum Parlamentu Europejskiego w Strasburgu. Wtedy to Papież ostatecznie uciął wszelkie próby powrotu do dawnego integryzmu religijnego. Przyznał też, że zbyt wiele razy przekraczana była również przez chrześcijan granica pomiędzy tym, co Boże, a tym, co cesarskie.

Warto przypomnieć szczególnie jeden fragment, gdyż pomoże on lepiej zrozumieć, czym dla Karola Wojtyły było pojęcie laickości, a więc niezbędne według niego rozróżnienie pomiędzy tym, co doczesne, i tym, co duchowe: „Nasza europejska kultura obfituje w przykłady przekraczania w obydwie strony granicy między tym, «co cesarskie», i tym, «co Boskie». Średniowieczne chrześcijaństwo łacińskie – by wspomnieć tylko o nim – teoretycznie podjęło wielką tradycję Arystotelesa i choć wypracowało naturalną koncepcję państwa, nie zawsze umiało w praktyce odeprzeć integralistyczną pokusę wykluczania z doczesnej wspólnoty tych, którzy nie wyznawali prawdziwej wiary. Integralizm religijny – do dziś praktykowany w innych częściach świata – nie rozróżnia sfery wiary i sfery świeckiej; wydaje się on nie do pogodzenia z ukształtowanym przez orędzie chrześcijańskie geniuszem właściwym Europie".

W ten sposób lepiej można zrozumieć również sposób, w jaki Papież, odsuwając dawny model Kościoła charakteryzujący się bezkompromisowością, naszkicował nową jego wizję, wizję Kościoła zdolnego do stawienia czoła i do przyjęcia wyzwania współczesnego oraz pluralistycznego społeczeństwa.

28
Południe świata

Niezwykle naturalnie i błyskawicznie doszło do zetknięcia Jana Pawła II z krajami Trzeciego Świata, które znalazły w nim rzecznika cieszącego się ogólnoświatową wiarygodnością. On sam określał się ich „sprzymierzeńcem". Było to spotkanie spontaniczne, również ze względu na wielkie podobieństwo – w zakresie religijności ludowej, ubóstwa i braku wolności – pomiędzy Papieżem, przybyłym z kraju zdominowanego przez despotyczny reżim, a narodami ciemiężonymi przez lokalnych dyktatorów oraz wielkie potęgi, które tych tyranów chroniły.

Ojciec Święty bezpośrednio poczuł tę nić porozumienia, zarazem historyczną i osobistą, gdy w czerwcu 1992 roku udał się w podróż apostolską do Angoli, cierpiącej w tamtym czasie w kleszczach dyktatury o marksistowskim rodowodzie. Na zakończenie, w przemówieniu do biskupów, Papież porównał uroczystość Zesłania Ducha Świętego, obchodzoną tamtej niedzieli w afrykańskim kraju, z Zesłaniem obchodzonym w Gnieźnie podczas pielgrzymki do Polski jeszcze w okresie komunizmu. „To ten sam proces – zauważył. – Inne jest położenie geograficzne, ale ten sam system, który planował ideologiczny ateizmu. Po drugiej stronie znajduje się Kościół, który nie planuje, lecz idzie za słowem Bożym, w ślad za obietnicą Chrystusa".

Od dłuższego czasu, a szczególnie po Soborze Watykańskim II, katolicyzm zaczął zmieniać swe zbyt europejskie i zbyt zachodnie oblicze. Sama kuria rzymska już od czasów Piusa XII nabierała coraz bardziej uniwersalnego charakteru. Jan Paweł II ostatecznie podkreślił wagę tego procesu. To on, po raz pierwszy, mianował przedstawiciela Czarnej Afryki, kardynała Bernardina Gantin, prefektem jednej z najważniejszych kongregacji, odpowiedzialnej za tworzenie nowych diecezji i nominację biskupów.

Ojciec Święty pragnął, aby Kuria we wszystkich swoich aspektach i dla wszystkich była prawdziwym i przejrzystym wyrazem uniwersalności katolicyzmu. Doskonale wiedział, że Włosi są do tego świetnie przygotowani i bardzo inteligentni, a Włochy miały wielkie zasługi w dochowywaniu wierności Chrystusowi i papiestwu. Jego pragnieniem było jednak, aby Stolica Apostolska była prawdziwą „stolicą" całego Kościoła, a nie tylko jednego kraju.

Wezwał do Watykanu wybitne osoby z każdego kontynentu, aby współpracowały z nim w zarządzaniu centralnym, a zarazem były przedstawicielami lokalnych Kościołów w sercu katolicyzmu. Można określić to prawdziwym, widocznym przejawem kolegialności biskupiej.

Spośród wielu, których powinienem wspomnieć, przychodzi mi na myśl kardynał Francis Arinze z Nigerii czy też kardynał Roger Etchegaray, Francuz, któremu Papież jako „Wysłannikowi Pokoju" powierzył wiele trudnych misji w krajach objętych wojną i tych, w których właśnie zakończył się straszliwy konflikt: od Libanu po Bośnię i Hercegowinę, od Iraku po Sudan.

Tak naprawdę dopiero wraz z encykliką Redemptoris missio *(1991) horyzont Kościoła stał się definitywnie ogólnoświatowy. Swoimi podróżami apostolskimi Karol Wojtyła „towarzyszył" temu ukierunkowaniu misji ewangelizacyjnej na linii Północ-Po-*

łudnie. Mógł w ten sposób poznać tragiczne realia krajów Trzeciego Świata i zobaczyć na własne oczy wyzysk, jakiemu poddane były te państwa ze strony bogatych nacji, nędzę, niedorozwój społeczno-gospodarczy i kulturalny, w jakim tkwiły.

Banalnie zabrzmi stwierdzenie, że Jan Paweł II nigdy nie utożsamiał się z możnymi, z bogatymi. Może ono jednak pomóc zrozumieć, jak bardzo jego serce, dusza i gorliwość człowieka Bożego skupiały się na ludziach najsłabszych i odsuniętych na margines.

Podczas pierwszej podróży do Afryki w maju 1980 roku poprosił o odwiedzenie najuboższych regionów Sahelu, zdewastowanych przez piaski pustyni. Przystanek w Górnej Wolcie, dzisiejszej Burkina Faso, trwał zaledwie kilka godzin, ale pozwolił Papieżowi poznać z bliska tragedię „kraju pragnienia". Wagadugu, stolica, pokryte było czerwonym płaszczem piasku; wyschnięte ujęcia wody, szkielety zwierząt porozrzucane na ulicach, wszędzie znaki przeraźliwego niedostatku.

Ojciec Święty był tak wstrząśnięty, że gdy tylko dotarł na miejsce, poprosił o pomoc kilku afrykańskich „ekspertów" (kardynałów Gantin, Thiandouma i Zoungranę oraz arcybiskupa Sangaré). Usiedli przy stole i wspólnie stworzyli słynny „apel", który Papież wygłosił wkrótce potem: „Ja, Jan Paweł II, biskup Rzymu i Następca Świętego Piotra, jestem głosem tych, którzy nie mają głosu: głosem niewinnych, którzy zmarli gdyż nie mieli wody i chleba, głosem ojców i matek, które widziały śmierć swoich dzieci...".

Dzięki podróżom i swojej obecności Ojciec Święty mógł wesprzeć i publicznie dochodzić prawa tych narodów do większej sprawiedliwości, do wolności.

Odwiedzając Amerykę Środkową w 1983 roku, pojechał również na Haiti, gdzie panowała wpływowa rodzina Duvalier.

Podczas lektury przemówienia, w którym powtarzało się hasło miejscowego Kongresu Eucharystycznego: „Potrzeba, aby coś się tu zmieniło", Ojciec Święty zauważył, jaką reakcję niezliczonej, rozentuzjazmowanej rzeszy obecnych wywoływały te słowa. I tak, za każdym razem, kiedy powtarzał to hasło, robił to coraz dobitniej.

W Port-au-Prince doszło do wielkiej manifestacji ludności. Zaniepokojony Jean-Claude Duvalier zwrócił się do Papieża z prośbą o złagodzenie tonu w przemówieniu pożegnalnym. Papież odrzekł na to, że w sumieniu nie może tego uczynić. „Ponieważ tutaj – powiedział – naprawdę musi się coś zmienić! Tutaj ludzie cierpią. Dalej tak być nie może!". Jak mówią znawcy polityki, to wtedy Haiti rozpoczęło swą drogę ku demokracji.

Zderzenie z rzeczywistością Trzeciego Świata w dużym stopniu przyczyniło się do refleksji, zarówno samego Papieża, jak i Kościoła, nad ogólnoświatowym rozmiarem, jaki osiągnęła „kwestia społeczna", a więc także do refleksji nad potrzebą ustanowienia nowych zasad dla uregulowania stosunków między narodami, w perspektywie rosnącej globalizacji świata, wewnętrznie coraz bardziej uzależnionego, ale także, właśnie z tego powodu, coraz bardziej wystawionego na ryzyko upowszechnienia ubóstwa i niesprawiedliwości.

Miało to swoje odzwierciedlenie w encyklice Sollicitudo rei socialis, *która pokazała niepowodzenie licznych projektów rozwoju Trzeciego Świata oraz narastającą przepaść pomiędzy coraz zamożniejszą Północą i coraz uboższym Południem. W encyklice Papież ponownie przedstawił ideał współpracy między narodami, opartej na autentycznej wzajemności i solidarności. Potępił nie tylko ideologie i różne formy imperializmu, ale również najnowsze i wyrafinowane formy neokolonializmu, które pod pozorem pewnej swobody nadal warunkują wybory poszczególnych obywateli oraz całych narodów.*

W ten sposób po raz pierwszy papieski dokument poruszał kwestię autentycznych „struktur grzechu".

Nie można mówić tu o konkretnym kraju, niewątpliwie jednak Ojciec Święty zmartwiony był szczególnie Ameryką Łacińską. Dla niego była ona kontynentem nadziei: nadziei dla Kościoła, ale również dla ludzkości. To właśnie w Ameryce Łacińskiej dostrzegł, że „struktury" nie tylko sprzeniewierzały się godności osoby ludzkiej, ale wręcz rodziły wciąż nowe formy ubóstwa. Dręczyły go pewne sytuacje i zjawiska: powszechny analfabetyzm, nędza panująca w *favelas*, ogromne bezrobocie, wiele rodzin rozbitych, a jeszcze bardziej fakt, że ratunku szukano w fundamentalistycznych sektach oraz w ich złudnych obietnicach.

Stałym elementem jego posługi była opcja na rzecz ubogich, dlatego nigdy nie potępił autentycznych ruchów wyzwoleńczych. Potępiał natomiast ruchy prowadzące do nowej formy zniewolenia, czyli do marksizmu, ponieważ wykorzystywał on masy w celu objęcia władzy.

Starał się zrozumieć problemy, aby ukazać, że on, Papież, kocha ludzi cierpiących. I że nawet jeśli Kościół nie jest w stanie rozwiązać problemu, może przynajmniej dać nadzieję, która w tak trudnych sytuacjach jest bardzo pomocna.

Zasługą encykliki Sollicitudo rei socialis *było więc nie tylko obalenie współczesnej, ale bardziej niebezpiecznej tendencji do utożsamiania chrześcijaństwa z liberalizmem, ale także dawnej i głęboko zakorzenionej tendencji do utożsamiania chrześcijaństwa z cywilizacją zachodnią. Było to ważne szczególnie dla ustawienia na nowo posłannictwa na Wschodzie lub – jak mawiał Karol Wojtyła – dlatego, by trzecie tysiąclecie stało się tysiącleciem ewangelizacji kontynentu azjatyckiego.*

W Azji 85 proc. społeczeństwa to niechrześcijanie. Gigantyczne Chiny pozostają hermetycznie zamknięte. Istnieją religie tradycyjne. Ponad trzydzieści krajów muzułmańskich mniej lub bardziej ogranicza misję ewangelizacyjną. Jednak, pomimo błędów przeszłości, zdaje się istnieć przestrzeń dla takiej religii jak chrześcijaństwo, które łączy kontemplację Boga ze skupieniem uwagi na człowieku i na jego problemach.

Myślę, że mam prawo powiedzieć, iż jedną z największych przykrości Jana Pawła II było niezrozumienie jego relacji z Chinami i ze społeczeństwem chińskim.

Kochał naród chiński. Z całego serca czuł się prawdziwym przyjacielem tego ludu, do tego stopnia, że zabrał się za naukę chińskiego, i to nie z myślą o podróży, która w tamtym czasie zdawała się nierealna, ale po to, by przekazywać bezpośrednio życzenia świąteczne na Boże Narodzenie i na Wielkanoc w tym języku, dając przez to znak wiernym, niezwykle wiernym katolikom, że Papież jest z nimi. Chciał także pokazać całemu chińskiemu narodowi, że go kocha.

Ojciec Święty starał się zawsze utrzymywać dobre kontakty z Chinami. Szanował „dumę" tego narodu, wynikającą z pochodzenia, i pragnął pomóc Chinom w zajęciu godnego miejsca we wspólnocie międzynarodowej. Takie było nastawienie Kościoła katolickiego i wkład, jako wspólnoty religijnej i duchowej, jaki mógłby on wnieść na wspólnych płaszczyznach, takich jak promowanie osoby ludzkiej i pokój na świecie.

Nigdy nie chodziło o ingerencję w wewnętrzne sprawy Chin. Absolutnie nie. Wręcz przeciwnie – było to wsparcie, by naród chiński mógł pełnić ważną rolę, która należy mu się w wielkiej rodzinie narodów.

Tego pragnął Jan Paweł II. Mogę zapewnić, że czynił wszystko właśnie w tym duchu. Jego intencje nie zostały zrozumiane i bardzo z tego powodu cierpiał. Pozostaje nadzieja, że Chiny znajdą sposób, by odpowiedzieć na jego pragnienie...

29
Zmiana „przeciwnika"

„Myślę, że religijność ma swój początek w akcie pokory: gdy nie uznajemy się za Stworzyciela". Wim Wenders, wielki reżyser, zdolny do odzwierciedlania nie tylko rzeczywistości, ale także jej zniekształconego obrazu, opisywał w ten sposób pokusę, a co najmniej złudzenie współczesnego człowieka, że można samemu decydować o tym, co dobre, a co złe, bez odnoszenia się do Boga i do Jego prawdy.

Było to dokładne odzwierciedlenie tego, jak zachodnie społeczeństwo, bardziej bezpośrednio związane z ideologią liberalizmu, poddało się procesowi laicyzacji, sekularyzacji, czego efektem było stopniowe zatracanie swojej chrześcijańskiej tożsamości. Po zniknięciu Wielkiego Wroga, jakim był marksizm i system ateistyczny, Kościół katolicki, a także każda inna instytucja religijna stawały teraz w obliczu jeszcze bardziej podstępnego zagrożenia – codziennego, praktycznego materializmu. Dlatego, jak mawiał Jan Paweł II, coraz więcej ludzi „żyje, jakby Boga nie było".

To było wielkie wyzwanie, któremu Jan Paweł II musiał stawić czoło po pokonaniu komunizmu. Coraz wyraźniej dawało o sobie znać religijne zobojętnienie, którego źródłem było zatracenie poczucia transcendencji. Jednocześnie dawała się zauważyć postępująca subiektywizacja wiary. Dochodziło do tego zanieczyszczenie falą konsumpcjonizmu, który przybywając z Zachodu, zalewał kraje Europy Środkowo-Wschodniej.

Encykliką Veritatis splendor *Papież próbował naświetlić niebezpieczeństwo, jakie niesie ze sobą dominująca kultura, wyróżniająca się silnym relatywizmem etycznym. Ukierunkowana na usunięcie na drugi plan podstawowych zasad moralności, groziła podważeniem fundamentów demokratycznego społeczeństwa. Groziło to następstwami także w innych sferach, jak nauki bioetyczne – badania w ich ramach prowadzone często dążyły do przekroczenia granic, poza którymi pogwałcona zostaje świętość życia.*

Dokument wywołał bardzo gwałtowne reakcje, rozszalałą krytykę, niekończące się polemiki. Niektórzy insynuowali, że powrócono do czasów Syllabusa...

Niekiedy odnosiło się wrażenie, że Papież jako jedyny bronił zasad moralnych. On świetnie zdawał sobie sprawę z tego, że jedną sprawą jest ocena mediów, a inną osąd ludzi, nawet niekoniecznie katolików. W tym tkwił geniusz Karola Wojtyły – nie dać się podporządkować prasie, i nie ulegać pesymizmowi. Zawsze powtarzał: „W Kościele jest Chrystus". Po burzy nadejdzie cisza. Po zimie zawsze przyjdzie wiosna.

Inną jeszcze bardziej wyczerpującą batalią była walka w obronie życia od poczęcia aż do naturalnej śmierci. Również w tym przypadku musiał interweniować urząd nauczycielski Kościoła. Ukazała się encyklika Evangelium vitae. *Również tym razem głos Ojca Świętego zdawał się być jedynym na pustyni egoizmu i konformizmu. Zdawał się być ostatnim bastionem sprzeciwu wobec „cywilizacji śmierci", która dawała formalne prawo do aborcji, zwłaszcza po tym, jak liczne parlamenty poczuły się uprawnione do ustanawiania granicy pomiędzy życiem a śmiercią.*

Był to czas tak silnego „panoszenia się" aborcji, że jej praktykowanie zaczęto uznawać za obowiązujące prawo. W dokumencie przygotowywanym na konferencję w Kairze na temat zaludnienia i rozwoju, sugerowano obranie polityki demograficznej, która uznałaby aborcję za metodę generalnej kontroli urodzeń. I to taką propozycję wysunęła jedna z instytucji ONZ!

Na początku rzeczywiście Jan Paweł II wydawał się osamotniony w tej walce. Z czasem jednak na całym świecie wzrosła liczba osób, zwłaszcza wśród świeckich, które poświęciły się pełnieniu misji na rzecz obrony życia. Stale powstawały nowe ruchy w obronie życia. Po tym jak w Rzymie założono Instytut ds. Rodziny, w innych krajach zrodziło się wiele podobnych instytucji. Słusznie, gdyż na horyzoncie pojawił się kolejny konflikt – tym razem dotyczący rodziny.

Na Zachodzie już od dawna panował kulturowy i społeczny klimat głęboko naznaczony indywidualizmem, który nie zwiastował niczego dobrego. Właśnie w 1994 roku, w „Roku Rodziny", rozpętał się prawdziwy atak na instytucję rodziny, który podważał jej naturę, stabilność, jej funkcję podstawowej komórki społeczeństwa, a wręcz podawał w wątpliwość sens miłości małżonków. Heroldem było tu właśnie ONZ ze swym słynnym dokumentem przygotowanym na konferencję w Kairze.

„Rodzina znajduje się w samym środku wielkiej walki dobra ze złem, życia ze śmiercią, miłością a tym, co się jej przeciwstawia" – tak pisał Karol Wojtyła w Liście do rodzin. *Inny, jeszcze mocniejszy list skierował do szefów państw całego świata oraz do sekretarza generalnego ONZ. Była to walka w wielkim stylu, pełna wigoru i pasji, ale nie krucjata. Nie zwykła obrona, lecz ponowna propozycja modelu rodziny odpowiedniego dla naszych czasów, zgodnego z Bożym zamysłem.*

Pamiętam pewną niedzielę w jednej z rzymskich parafii. Ojciec Święty ominął nagle przygotowany tekst przemówienia, sprawiał wrażenie, jakby chciał dać upust temu, co nosił w sercu: „Musimy być mężni i nieustraszeni!". Próbował złagodzić ton, aby pokazać, ze Papież ze swej natury jest „człowiekiem łagodnym" – dosłownie tak to ujął. Nie zdołał się jednak powstrzymać: „Ale jeśli chodzi o zasady, należy być rygorystycznym!".

Dla niego rodzina była elementem o zasadniczym znaczeniu. Przekonany był, że w rękach rodziny spoczywa przyszłość Kościoła, społeczeństwa, narodów. Cierpiał, widząc jak słowo „rodzina" stopniowo znika z dokumentów organizacji międzynarodowych, zastępowane innymi, bardzo dwuznacznymi i bardzo ogólnymi pojęciami.

Poza wszystkim, poczynając od aborcji, dyskusja obejmowała powoli inne „gorące" tematy, takie jak wolne związki, eutanazja, homoseksualizm oraz wszelkie „zdobycze" medycyny. Była też „kwestia antropologiczna", która mogła doprowadzić do radykalnego przewartościowania etycznych punktów odniesienia, a nawet samej rzeczywistości, jaką jest człowiek.

Nie można przecież zmienić natury kobiety i mężczyzny! Jedną sprawą jest przeanalizowanie pewnego sztywnego porządku biologiczno-cielesnego, który po dziś dzień istnieje pomiędzy dwiema płciami, inną natomiast wywracanie sensu słów „i stworzył kobietę i mężczyznę". Jeśli nie przestrzegamy praw natury, wystawiamy na ryzyko przyszłość rodzaju ludzkiego! Za „szkodę" wyrządzaną dziś będziemy musieli tragicznie zapłacić w dniu jutrzejszym!

Na tym polu doszło do starcia, które Jan Paweł II musiał stoczyć ze współczesnym światem, a przynajmniej z pewnym odłamem współczesnego świata. Cóż miał uczynić Papież? Zaakceptować ludzką słabość? Wskazał jedynie słuszną drogę, tę, która jest zgodna z dziełem Stworzyciela. Starał się tylko kroczyć śladami Chrystusa. Był Pasterzem, który prowadził swe owce. Nie został zrozumiany albo nie chciano go zrozumieć.

To wszystko stanowiło przejaw powrotu kultury neooświeceniowej, neoracjonalistycznej, która pociągała za sobą zmiany na płaszczyźnie politycznej. Papież zaprotestował przeciwko odrzuceniu zawierającej odniesienie do chrześcijańskich korzeni naszego kontynentu preambuły konstytucji europejskiej – tym samym sprzeciwił się powrotowi kultury neooświeceniowej.

Napisano, że Papieża bardzo zabolało to odrzucenie preambuły. Nie chodziło przecież o stanowisko Papieża, ale o fundamenty Europy! Owszem, Ojciec Święty był tym strapiony, ponieważ widział, że współczesna Europa nie potrafi uznać tego, co dziś miałoby dla niej zasadnicze znaczenie – odzyskanie wartości, które ją zbudowały i uczyniły wielką w świecie.

Chyba w żadnym innym momencie pontyfikatu Jan Paweł II nie był tak bardzo atakowany, krytykowany, a wręcz obrażany, jak w przypadku tej długiej, żmudnej walki na froncie moralności. On nigdy się nie wycofał. Stawał w obronie życia potwierdzając Boską prawdę, ale także w imię prawdy o człowieku i wolności sumienia. Podważył kulturę relatywizmu, a jednocześnie w encyklice Fides et ratio *rozpoczął dialog z rozumem oraz, w pewnym sensie, ze współczesnością, czego Kościół nigdy wcześniej nie uczynił.*

W przeciwieństwie do interpretacji niektórych osób, nie była to bitwa obronna, prowadzona pod znakiem nieprzejednania i zamknięcia. Humanizm zaproponowany przez Jana Pawła II miał na celu to, by pomóc współczesnemu człowiekowi w odnalezieniu prawdziwie moralnego sensu jego dziejów i przeznaczenia.

30
Duch Asyżu

Historia „się zakończyła" – napisał pewien wybitny naukowiec. Pragnął tym stwierdzeniem powiedzieć, że po roku 1989 sytuacja międzynarodowa dostatecznie się ustabilizowała i nie było obaw, że może ponownie dojść do jakiś tragicznych, okrutnych zdarzeń. Oczywiście, była to tylko hipoteza, choć za nią kryło się przekonanie, że ludzkość przyjęła „lekcję" wynikającą z doświadczenia dwóch konfliktów na światową skalę: z Hiroszimy i ryzyka nuklearnej zagłady.

Kiedy w 1991 roku wybuchła pierwsza wojna w Zatoce, wielu potraktowało ją jako przypadek marginalny, również dlatego, że pomimo silnego „zapachu" dolarów z przemysłu naftowego, działania zbrojne mogły wydawać się w pewnym sensie uzasadnione. Uważano, że skoro mały kraj, jakim jest Kuwejt, został zaatakowany i zbrojnie zajęty przez potężnego sąsiada, Irak, należało w jakiś sposób zareagować na to uderzenie.

Już w sierpniu, kiedy wybuchł kryzys w Zatoce, Jan Paweł II na wszelkie sposoby usiłował zapobiec rozwojowi konfliktu. Twierdził, że wojna nie może być narzędziem, ani słusznym ani skutecznym, w rozwiązywaniu kontrowersji między państwami. Podobnie jak w Wietnamie, w Libanie czy w Afganistanie, wojna nie tylko nie rozwiązała problemów, lecz poprzez użycie współczesnej niszczycielskiej broni doprowadziła do ich wyolbrzymienia.

W tym przypadku istniało zagrożenie kierowania się fałszywą „sprawiedliwością". Chcąc zapobiec łamaniu prawa międzynarodowego, jednocześnie odstępowano od niego przez niewykorzystanie wszystkich możliwości dyplomatycznych: dialogu, mediacji i negocjacji. Jeszcze 16 stycznia, podczas audiencji generalnej, Ojciec Święty błagał wraz z tysiącami wiernych: „Nigdy więcej wojny, która jest drogą bez powrotu...".

Wojenna machina nie mogła się już zatrzymać. W grę wchodziło zbyt wiele interesów. Prezydent Stanów Zjednoczonych nie zawiadomił Papieża. Pewien dziennikarz zadzwonił w nocy do arcybiskupa Jean-Louisa Taurana, obecnie kardynała, a wówczas „ministra spraw zagranicznych" Watykanu, aby go powiadomić, że Bagdad jest bombardowany. I pomyśleć, że poprzedniego wieczora, o godzinie 19.00, arcybiskup Tauran przyjął na audiencji amerykańskiego ambasadora, który nie wspomniał o tym ani słowem. A może dyplomata też nic nie wiedział albo może administracji Stanów Zjednoczonych nie podobał się ten Papież, który zbyt wiele mówił o pokoju...

To prawda, niektórzy byli zaskoczeni, że w tamtym czasie Jan Paweł II z takim naciskiem mówił o pokoju. Były głosy, które uznawały go za „neutralnego", „bezstronnego" czy wręcz za zwolennika Arabów albo Trzeciego Świata. Z drugiej strony próbowano przypisać mu przynależność do pacyfistów i przypiąć mu ideologiczną, polityczną etykietkę. Była to, jeśli mogę się tak wyrazić, obraza dla człowieka, który był zasadniczo łagodny, nastawiony pokojowo, nie uciekał się nigdy do przemocy. Była to obraza dla Polaka, który na własnej skórze przeżył koszmar dwóch totalitaryzmów, a co więcej – dla Papieża, Bożego świadka pokoju, rzecznika pokoju dla całej ludzkości.

17 stycznia rano, kiedy dowiedział się o tym, co się zdarzyło, odprawił w swojej kaplicy Mszę świętą o pokój. Był głęboko

rozgoryczony. Nie potrafił zrozumieć, jak można było nie znaleźć sposobu na powstrzymanie konfliktu.

Na audiencji generalnej powiedział: „Uczyniłem wszystko, co w ludzkiej mocy". Nie skończył jednak na rozpamiętywaniu tego, czego nie zrobiono. Natychmiast zwołał swoich współpracowników z Sekretariatu Stanu, aby postanowić, co pozostawało do zrobienia na płaszczyźnie humanitarnej i dyplomatycznej. Tak zrodziła się pierwsza wielka inicjatywa zwołania do Rzymu przedstawicieli episkopatów krajów bezpośrednio lub pośrednio uwikłanych w wojnę w Zatoce.

A jednak Ojciec Święty miał rację. Słusznie ocenił, że już z założenia konflikt ten jest niepotrzebny. Przede wszystkim zwiastował tragiczne skutki dla ludności cywilnej i przewidywał, że wynikną z niego dalsze komplikacje dla całego Bliskiego Wschodu.

Podczas gdy wojna w Zatoce wydawała się odległa, drugoplanowa, nie mająca bezpośredniego wpływu na ogólną atmosferę stabilizacji, wojna, która w 1991 roku wybuchła na terenie byłej Jugosławii i trwała bardzo długo, rozważał wszelkie złudzenia, że świat wstąpił na drogę spokoju. Wstrząsnęła zwłaszcza Europejczykami, którzy byli zszokowani hukiem dział, rozlegającym się ponownie na ich ziemi.

Zdarzyło się, że Ojcu Świętemu zarzucono pewną sprzeczność pomiędzy zdecydowanym potępieniem wojny w Zatoce, a prawem do „humanitarnej interwencji", o którą apelował w przypadku Bośni i Hercegowiny rozdzieranej okrutnymi starciami etnicznymi. Istniała zasadnicza różnica pomiędzy tymi przypadkami. Czym innym była wojna toczona pomiędzy dwoma państwami, a czym innym – w przypadku narodu walczącego o przetrwanie – była zdecydowana interwencja instytucji ponadnarodowych, jak Organizacja Narodów Zjednoczonych czy Unia Europejska, w celu rozbrojenia agresora.

Dopiero po zakończeniu masakry na Bałkanach zrozumiano słowa zawarte w encyklice Centesimus annus, *w której Papież mówił, że wojna może zakończyć się również bez zwycięzców i pokonanych, a jedynie „samobójstwem ludzkości".*

Po upadku Muru Berlińskiego zachodziła potrzeba stworzenia nowego porządku międzynarodowego. Ważne było, aby Narody Zjednoczone zgasiły punkty zapalne, które zagrażały już i tak bardzo kruchemu pokojowi. Nie uczyniono nic. Po obaleniu radzieckiego totalitaryzmu eksplodowały różne formy nacjonalizmu, rasizmu, przemocy, a nawet konfliktów spowodowanych nienawiścią religijną – jak to miało miejsce w byłej Jugosławii.

Było dziełem Opatrzności, że Jan Paweł II tak szybko wyczuł zagrożenie kolejnym wstrząsem na arenie światowej. Aby zbudować podstawy do odbudowy prawdziwego pokoju, było niezbędne, aby rozpocząć od jednego z podstawowych filarów, jakim były religie. Miałyby one na nowo spełniać zasadniczą funkcję w promowaniu kultury pokoju i przyczyniać się do wzrostu autentycznej solidarności między narodami.

Droga do pokoju poprzez religię była daleka. Ojciec Święty, dzięki podróżom od Casablanki aż po Indie, miał kontakty z innymi Kościołami chrześcijańskimi i z innymi religiami. Coraz bardziej przekonywał się, że wymiar religijny, odsunięty wówczas na margines życia społecznego, mógłby ponownie odegrać istotną rolę, kiedy stopniowo zaczną dawać o sobie znać szkody wyrządzone przez ekspansję ateizmu i materializmu.

Jednocześnie Papież dostrzegł, jak bardzo zaangażowanie na rzecz pokoju zmonopolizowały pewne ruchy i siły polityczne, które chciały uczynić z tego zaangażowania siłę ideologiczną, a przez to zarzewie konfliktów i podziałów. W momencie, gdy pokój był zagrożony a stosunki międzynarodowe napięte, istniało ryzyko wybuchu globalnej wojny.

W pamięci tkwiła dawna propozycja Dietricha Bonhöffera, dotycząca zwołania światowego zgromadzenia Kościołów chrześcijańskich, które wykrzyczałoby wspólnym głosem: „Chrystusowy Pokój dla szalonego świata, zmierzającego ku samounicestwieniu!". Pomysł heroicznego pastora Kościoła luterańskiego, zabitego na zlecenie Hitlera, został przypomniany i ponownie zaproponowany pięćdziesiąt lat później, w książce *Czas nagli*, napisanej przez niemieckiego fizyka i filozofa Carla Friedricha von Weizsäckera, który rozmawiał o tym z Papieżem.

Była ona swoistą nicią łączącą proroczo ludzi i zdarzenia, nawet te najbardziej oddalone.

Jan Paweł II pogłębił poszczególne aspekty zagadnienia przy dużej pomocy Papieskiej Rady „Iustitia et Pax", której przewodniczył wówczas kardynał Etchegaray. Pewnego dnia pojawił się cudowny pomysł. „Wspólna modlitwa wszystkich religii o pokój – tego nam potrzeba!" – wyznał mi Ojciec Święty. To on wybrał miasto świętego Franciszka jako najbardziej odpowiednie miejsce, do którego trzeba zaprosić cały religijny świat, na pielgrzymkę szlakiem pokoju. Wydarzenie było bez precedensu.

27 października 1997 roku w Asyżu odbył się Światowy Dzień Modlitwy o Pokój. Po raz pierwszy przedstawiciele wszystkich religii, czyli ponad czterech miliardów kobiet i mężczyzn, spotkali się w jednym miejscu i w tym samym momencie na modlitwie, aby błagać Najwyższego o dar pokoju. Po prawej stronie Papieża siedział arcybiskup Metodios z patriarchatu ekumenicznego, arcybiskup Canterbury Runcie oraz zwierzchnicy Kościołów prawosławnych i protestanckich, po lewej stronie – Dalai Lama i inne osobistości religii niechrześcijańskich.

Przez cały dzień, dla uczczenia tej historycznej chwili, na całym świecie nie odnotowano ani jednej ofiary wojny.

Po stuleciach wojen, konfliktów i nieporozumień spotkanie w Asyżu, a raczej – jak należałoby to określić – „wydarzenie", do którego doszło w mieście świętego Franciszka, bardziej niż same wypowiedziane tam słowa, stało się punktem przełomowym w dziejach relacji między religiami. W modlitwie, w jej uniwersalnym języku, różne religie, z poszanowaniem tożsamości poszczególnych doświadczeń duchowych, odnalazły swoją naturę i pierwotną inspirację. Odkryły, że łączy je autentyczna, braterska więź.

Asyż był prawdopodobnie najodważniejszą, najbardziej wymowną i twórczą inicjatywą podjętą przez Jana Pawła II. O ile dziś może wydać się to paradoksalne, była ona najbardziej niechętnie postrzeganym i najbardziej kontrowersyjnym przedsięwzięciem. Niektóre głosy krytyki zrodziły się niewątpliwie w kręgu Kurii Rzymskiej, skoro Papież w rozmowie w 1987 roku z Andreą Riccardi, założycielem i szefem Wspólnoty Świętego Idziego, powiedział żartobliwie: „Idziemy naprzód, kontynuujemy, choć o mały włos mnie nie ekskomunikowano...".

Prawda, że wzbudziło to pewną polemikę, ale biorąc pod uwagę nowatorstwo pomysłu, była ona dość ograniczona. Najmocniejszy głos oskarżenia wysunęła grupa lefebrystów. Krytyczne opinie docierały również z Kościoła, z samej kurii, choć autorami ich były głównie osoby starsze, obawiające się, że Asyż może dać początek synkretyzmowi, że może postawić na równym poziomie wszystkie religie, doprowadzić do duchowego *melting pot* – „stapiania się". Ale tak się nie stało. Absolutnie nie. Ojciec Święty wielokrotnie wyjaśniał, wcześniej i później: byliśmy tam razem, aby się modlić, ale nie po to, aby modlić się razem.

Tamtego wieczoru w Asyżu był szczęśliwy. Pamiętam, jak powiedział do mnie: „To był naprawdę wspaniały dzień. Nigdy jeszcze nie zdarzyło się, aby zgromadzili się razem przedstawiciele wszystkich religii, by wspólnie błagać Boga o pokój. A poza tym był to kolejny, wielki znak, że choć na jeden dzień umilkła broń!". Pamiętam też, że wiele z uczestniczącychw spotkaniu osobistości wyraziło mu wdzięczność, gdyż – jak mówili – bez niego, bez jego odwagi, to duchowe spotkanie nie byłoby możliwe.

Również tym razem Ojciec Święty miał rację. Potrafił proroczo przewidzieć przyszłość, a my, Kościół – w ogólnym tego słowa znaczeniu – nie zawsze potrafiliśmy za nim nadążyć.

Należy skierować słowa podziękowania do Benedykta XVI, który to zrozumiał i zawsze pozostał mu bliski. Przy okazji pragnę zdementować to, co niektórzy sugerowali i nadal sugerują – że kardynał Ratzinger był przeciwny idei Asyżu. To nieprawda! To kłamstwo!

Spotkanie w Asyżu było nowym początkiem. Dzięki „duchowi Asyżu", który upowszechniał się przez działalność Wspólnoty Świętego Idziego, scementowało się zaangażowanie różnych religii w dzieło odbudowy pokoju, odrzucając wszelkie próby sekciarstwa i usprawiedliwienia przemocy. To zaangażowanie Żydów, chrześcijan i muzułmanów przekształciło się w pragnienie wspólnego zaprowadzenia na ziemi „sprawiedliwości i pokoju, przebaczenia i życia, i miłości".

Już sam fakt wspólnego wyznania tego zamierzenia wobec Boga i ludzi był znakiem nadziei, którego nie można już wymazać.

31
Nowi męczennicy

Myślę, że odkąd zacząłem moje życie u boku arcybiskupa Karola Wojtyły i miałem okazję lepiej go poznać, rok 2000 był zawsze obecny w jego myślach i oczekiwaniach. Nie tylko ze względu na symbolikę przekroczenia granicy tysiąclecia, lecz zwłaszcza dlatego, że przełomowy moment historii, zbiegający się z obchodami dwóch tysięcy lat od narodzenia Chrystusa – centralnego misterium wiary chrześcijańskiej, miał stać się okazją do głębokiej odnowy duchowej i moralnej całej katolickiej wspólnoty.

W rozważaniach wielkopostnych w Watykanie w 1976 roku, kiedy był arcybiskupem Krakowa, czas ten określił mianem „Nowego Adwentu". Potem, gdy został papieżem, słowa te powróciły w jego pierwszej encyklice Redemptor hominis, *zwiastując ogłoszenie Jubileuszu, Wielkiego Jubileuszu, który ogarnąłby nie tylko chrześcijan, ale całą ludzkość. Jubileusz miał być dla katolików rachunkiem sumienia, by podjąć trud radykalnej przemiany życia, ale miał również mieć głęboki wymiar ekumeniczny.*

Rzeczywiście, Ojciec Święty uważał, ze będzie to opatrznościowa okazja, aby rozliczyć się z przeszłością, oczyścić pamięć z wszelkich win i błędów, z negatywnych świadectw, którymi splamili się chrześcijanie na przestrzeni wieków. Wystarczy pomyśleć o krucjatach!

Ułatwiłoby to umocnienie dialogu z innymi Kościołami chrześcijańskimi oraz z innymi religiami. Tym, na czym Ojcu Świętemu szczególnie zależało, była prośba o przebaczenie bez oczekiwania czegokolwiek w zamian. Bezinteresowność tego gestu była jego zdaniem warunkiem wiarygodności i skuteczności.

Rzeczywiście, Jan Paweł II podejmował kroki ku temu już od dłuższego czasu. Naturalną okazją do wyznania win były podróże. Tak uczynił w Ołomuńcu na Morawach w 1995 roku: „Dziś ja, Papież Kościoła rzymskiego, w imieniu wszystkich katolików, proszę o przebaczenie za wszelki ból zadany nie-katolikom". W podobnych słowach powtórzył swą prośbę około stu razy.

Właśnie z tego powodu krytykowali go ludzie Kościoła, a nawet niektórzy kardynałowie. Poza tym obawę wyrażało wielu katolików, zdezorientowanych wobec perspektywy (oczywiście błędnej, ale zrozumiałej z ich punktu widzenia), że na dzieje Kościoła składa się jedynie nieprzerwana seria win i grzechów.

Zanim rozpoczął tę drogę, zapewne zastanawiał się: „Co nam mówi w tym punkcie Ewangelia? Co uczyniłby w tej sytuacji Jezus?". Postrzegając wszystko oczami wiary i traktując jak znak Bożej Opatrzności, z pewnością podjął tę decyzję z radością w sercu. Dzięki temu nie stracił zapału i zachował pewien dystans wobec otaczającej go krytyki.

Poza wszystkim, były osoby, które go mocno wspierały, i muszę raz jeszcze wspomnieć tu kardynała Etchegaraya. Opór i wątpliwości zaczęły stopniowo zanikać. I nie tylko. Metoda *mea culpa*, wyznania win, okazała się decydującym elementem otwierającym drzwi do dialogu ekumenicznego i międzyreligijnego.

W każdym razie do tego czasu była to wyłącznie inicjatywa Papieża. Tylko on mówił o tym publicznie, otwarcie zajmował stanowisko. Do tamtej pory ani jeden episkopat nie spojrzał krytycznie na historię Kościoła katolickiego w swoim kraju, nie wypowiedział się podobnie jak Ojciec Święty.

12 marca 2000 roku w Bazylice świętego Piotra obchodzono Jubileuszowy Dzień Przebaczenia. Po raz pierwszy cały Kościół wzywał Bożego miłosierdzia, przepraszając za błędy i winy, którymi splamili się chrześcijanie, „przyczyniając się – według słów Soboru – do oszpecenia oblicza Kościoła", i zobowiązał się pięciokrotnie powtórzoną deklaracją „Nigdy więcej!" nie zdradzić już Ewangelii i służby prawdzie.

Ojciec Święty mówił o tym w Bazylice i na modlitwie Anioł Pański. Na zakończenie, kiedy odchodził od okna, dostrzegłem, że wciąż jest poruszony. To był jeden z niewielu razy, kiedy powstrzymał się od wszelkich komentarzy. Nie powiedział ani słowa o chwili, w której podczas uroczystości podszedł do wielkiego krzyża, objął go i ucałował. Zachował dla siebie, w głębi serca, to, co czuł wówczas.

Usiłuję przypomnieć sobie jego spojrzenie... zdawało się ono mówić: „Trzeba było to zrobić, trzeba było...".

Drugą wielką uroczystością Jubileuszu było upamiętnienie 7 maja w Koloseum Świadków Wiary XX wieku. Niektóre nazwiska były znane, wręcz słynne, ale większość stanowiła niezliczona rzesza męczenników anonimowych, którzy zaginęli i przepadli bez śladu. „Niczym nieznani żołnierze wielkiej sprawy Bożej" – powiedział Papież.

Kapłani i świeccy, zwłaszcza katecheci. Katolicy, ale również prawosławni i protestanci. Martyrologium, które przekraczało podziały na wyznania, granice polityczne, bariery ideologiczne tam, gdzie poza wiarą chodziło o sprawiedliwość, pokój i obronę człowieka, na potwierdzenie tej prawdy, że Kościoły i wierzący stawali coraz silniej po stronie biednych, odsuniętych na margines, uciśnionych.

Szczególny nacisk Ojciec Święty położył na konieczność jak największego rozszerzenia liczby przedstawicieli ekumenicznych Świadków Wiary. „Męczennicy nas jednoczą", mawiał często. „Ich głos jest znacznie mocniejszy od podziałów przeszłości".

Pragnę podkreślić tu wyjątkowy aspekt tamtej uroczystości. W modlitwie na zakończenie siódmej kategorii, poświęconej chrześcijanom, którzy oddali swe życie z miłości do Chrystusa i braci w Ameryce, wspomniano postać arcybiskupa Salwadoru Oscara Romero, zabitego podczas odprawiania Mszy świętej. To Ojciec Święty pragnął, by wymieniono jego nazwisko. W przededniu podniosły się głosy krytyki, wyciągano fałszywe wnioski. Papież uciął te dyskusje. Kiedy organizatorzy udali się do niego, poprosił wyraźnie, aby włączono imię „tego wielkiego świadka Ewangelii".

Były to słowa podobne do tych, za pomocą których Jan Paweł II w 1983 roku odrzucił zdecydowanie sugestię kilku biskupów Ameryki Łacińskiej, aby nie udawał się do grobu arcybiskupa Romero, gdyż był on uznawany za osobę zbytnio zaangażowaną politycznie. Powiedział wtedy: „Nie, Papież musi tam pójść – chodzi przecież o biskupa, który został zabity w samym sercu swej posługi duszpasterskiej, podczas odprawiania Mszy świętej".

U schyłku drugiego tysiąclecia, Kościół ponownie stał się Kościołem męczenników. Prześladowanie na tle religijnym, zamiast zniknąć w chwili upadku ateistycznego komunizmu, zmieniło jedynie swe położenie geograficzne: teraz środkiem ciężkości były Chiny i kraje muzułmańskie opanowane przez fundamentalistów. Wszędzie jednak, choć może mniej brutalnie, wolność wyznania wystawiona była na zatrważającą liczbę ataków i ciosów, czy to w formie zakazów na płaszczyźnie administracyjnej, czy też poprzez wyeliminowanie ludzi z życia publicznego i ograniczenie do własnego sumienia. Na świecie szacowa-

no na 200 milionów liczbę prześladowanych chrześcijan, a 400 milionów osiągała liczba osób dyskryminowanych z powodu wiary.

Ojciec Święty stale wspominał pielgrzymkę na „Wzgórze Krzyży" na Litwie, w pobliżu miejscowości Szawle.

Pierwsze krzyże zatknięto tam po powstaniu przeciw Rosji w 1863 roku, a potem tradycję tę kontynuowano, szczególnie podczas okupacji sowieckiej. Komuniści dewastowali wzgórze, a następnego dnia Litwini ponownie pokrywali je krzyżami. I tak było przez lata.

Papież długo spacerował w tym gąszczu krzyży. Jeden z nich poświęcony był pamięci zamachu na jego życie. Z wielkim smutkiem w oczach szeptał: „Świat powinien przybyć tutaj i zobaczyć ten dowód wiary i męczeństwa Litwy".

Jan Paweł II potrafił odczytać te tragiczne karty historii w kontekście Bożej Opatrzności. Kraje nadbałtyckie nareszcie wyzwoliły się spod obcego jarzma, a on po raz pierwszy mógł skierować swe kroki do miejsc, które wcześniej były oficjalnie wcielone do Związku Radzieckiego. Przede wszystkim zaś tysiące krzyży pokrywające wzgórze były symbolem ludzkiej nadziei, która przy ufności Bogu i ludzkiej odwadze pewnego dnia musiała się urzeczywistnić.

Skoro było to możliwe w przeszłości, pomimo okrucieństwa tamtych prześladowań, możliwe to będzie również w przyszłości.

Tym był właśnie Jubileusz Roku 2000. Był niezwykłym spotkaniem Papieża z dwoma milionami młodych ludzi na Tor Vergata. Był jego pielgrzymowaniem po drogach historii zbawienia. Był prawdziwą rewolucją ducha, która pokazała żywotność i bogactwa chrześcijańskiego ludu, realizując z wielką mocą program odnowy Soboru Watykańskiego II.

Jan Paweł II uczynił z treści obchodów jubileuszowych myśl przewodnią listu apostolskiego Novo millennio ineunte, *w któ-*

rym ukazał Kościół bardziej skoncentrowany na słowie Bożym, na głoszeniu Ewangelii; Kościół, który jest „domem i szkołą komunii". W liście zachęcał, wykorzystując całą swą wielką pasję misyjną, do odrzucenia lenistwa, obaw, lęków i do życia po chrześcijańsku dzień po dniu cnotą nadziei. Pisał: „Musimy wypłynąć na głębię".

Poświęcając Trójcy Świętej ostatnie trzy lata poprzedzające nadejście nowego tysiąclecia, Ojciec Święty nadał samemu Jubileuszowi charakter trynitarny. Powrócił do projektu Kościoła, jaki przedstawił w pierwszych trzech encyklikach, i wyciągał wnioski, nakreślając nowy program życia i misji Kościoła, umieszczając w jego centrum tajemnicę Boga.

Karol Wojtyła był właśnie taki: nigdy nie oglądał się za siebie, patrzył zawsze do przodu. Kiedy Jubileusz szczęśliwie się zakończył, należało podziękować zań Bogu, a równocześnie myśleć o przyszłości, o wytyczaniu nowych szlaków duszpasterskich i misyjnych.

Naturalnie, jego siły fizyczne, a być może także entuzjazm nie były już takie, jak przed dwudziestu laty, taka sama natomiast pozostawała jego wizja historii i Kościoła, pontyfikatu i działalności apostolskiej, a zwłaszcza dzieła zbawienia, które urzeczywistniało się w tych latach. Zawsze wyznaczał sobie bardzo jasne cele, mimo że mogło się zdarzyć, iż w kurii czy w lokalnych Kościołach nie zawsze realizowano je w sposób przez niego wskazany.

Po zakończeniu obchodów Jubileuszu wielu dziennikarzy pisało, że był to jednocześnie koniec pontyfikatu, że ten Papież niczym nas już nie zaskoczy. Ze względu na postępującą chorobę, niektórzy wspominali wręcz o podaniu się do dymisji...

Gdyby owi dziennikarze przeanalizowali czas pomiędzy rokiem 2000 a 2005, musieliby wyznać: *mea culpa*, bo również te lata były znaczące. Pełne były dramatów, cierpienia z powodu tego wszystkiego, co zdarzyło się w świecie, począwszy od zamachu na World Trade Center, czy wewnątrz samego Kościoła – jak przypadki pedofilii w Stanach Zjednoczonych lub sprawa arcybiskupa Milingo. Lata te były również pełne nowości i podróży: na Bliski Wschód, na Bałkany, do Krakowa, aby zawierzyć świat Bożemu Miłosierdziu aż za Ural. Poza tym powstała encyklika o Eucharystii, był postęp w procesie ewangelizacji, w dialogu z prawosławiem.

Jeśli chodzi natomiast o problem podania się do dymisji, muszę przyznać, że już przed Jubileuszem Roku 2000 Ojciec Święty zadawał sobie pytanie, czy analogicznie do reguły, którą Paweł VI ustanowił w przypadku kardynałów powyżej osiemdziesiątego roku życia, wykluczanych z udziału w wyborze Następcy Świętego Piotra, również Papieża obowiązywała zasada ustąpienia ze stanowiska w wieku osiemdziesięciu lat, a zatem, jak pisał w *Testamencie*: „czy nie czas powtórzyć za biblijnym Symeonem: *Nunc dimittis*?".

Ojciec Święty postanowił skonsultować to z najbliższymi współpracownikami, między innymi z kardynałem Ratzingerem – prefektem Kongregacji Nauki Wiary. Po przeczytaniu i przeanalizowaniu tekstów na ten temat, pozostawionych przez Pawła VI, doszedł do wniosku, że należało poddać się woli Bożej, a zatem pozostać tak długo, jak Pan tego zapragnie. „Bóg mnie powołał i Bóg mnie odwoła, w takiej formie, w jakiej zechce".

Jednocześnie Jan Paweł II ustanowił odpowiednią procedurę złożenia dymisji w przypadku, gdyby nie był w stanie do końca spełnić swej posługi jako papież. Jak widać, brał taką ewentualność pod uwagę. Pragnął jednak do samego końca wypełniać wolę Bożą, przyjmując krzyż, który na wzór Chrystusa chciał dźwigać do końca swoich dni.

32
Sześć dłoni

Jan Paweł II naciskał mocno, ale Drzwi Święte sprawiały wrażenie, jakby nie chciały się otworzyć. W atrium Bazyliki świętego Pawła za Murami tych, którzy o tym nie wiedzieli, ogarnęło zakłopotanie. Trwało to tylko chwilę. Od razu stało się jasne, że to nie Papież sobie nie radził. On po prostu czekał. Czekał, aż do jego dłoni przyciśniętych do drzwi dołączą dłonie metropolity prawosławnego Athanasiosa i anglikańskiego prymasa Careya. Dopiero w tym momencie, pod naporem sześciu dłoni, drzwi się rozwarły. I wszyscy trzej uklękli.

Po raz pierwszy w historii biskup Rzymu – Następca Świętego Piotra, oraz najwyżsi przedstawiciele prawosławnego Wschodu i zachodniego protestantyzmu otworzyli wspólnie Drzwi Święte, wspólnie przekroczyli próg i weszli do Bazyliki. Ma ona szczególnie ekumeniczny wymiar, jako że jest poświęcona Apostołowi Narodów.

Pragnął tego sam Ojciec Święty. Pragnął tego znaku o głębokim wydźwięku w obecności wszystkich przedstawicieli świata chrześcijańskiego. Po zakończeniu ceremonii udali się na obiad. Po wspólnym przebywaniu przy ołtarzu, wspólnie zasiedli przy stole. Panował wspaniały nastrój. W imieniu wszystkich Ojciec Święty wyraził wdzięczność Bogu za „wielki dar" tamtego dnia.

W tamtej scenie z 18 stycznia 2000 roku zawarta była cała symbolika drogi ekumenizmu, z jej zmiennymi kolejami losu, licznymi trudnościami, które ostatnio się pojawiły, komplikując dodatkowo dawne kontrowersje. Ale również z determinacją, pragnieniem Rzymu oraz Kościołów prawosławnych i protestanckich, by przekreślić bolesną spuściznę przeszłości, „skandal" podziału między chrześcijanami, który przeciągnął się aż do trzeciego tysiąclecia.

Właśnie z tego powodu tuż po wyborze Jan Paweł II poprosił, by mu zorganizowano wizytę w ekumenicznym patriarchacie Konstantynopola. Chciał poświadczyć usilny zamiar Kościoła katolickiego, a zwłaszcza nowego Papieża, by kontynuowany i pogłębiany był dialog ze wszystkimi Kościołami prawosławnymi; by nie zniechęcić się nieuniknionymi przeszkodami.

Byłem obecny podczas jednej z rozmów, w której Ojciec Święty powiedział: „Ekumenizm jest pragnieniem Chrystusa, *ut unum sint*, aby byli jedno. Jest on pragnieniem Soboru Watykańskiego II i jest on również moim programem, niezależnie od trudności, nieporozumień, a nieraz nawet ataków".

Karol Wojtyła został wybrany na papieża w chwili, kiedy ekumenizm przechodził fazę stagnacji. Po posoborowym entuzjazmie, postępach „dialogu w miłości", po podjęciu wspólnej modlitwy, zaczęła się konfrontacja na poziomie teologicznym, mniej widowiskowa i znacznie trudniejsza, bardziej złożona z powodu różnorodnych problemów, które należało wyjaśnić. Mimo to Jan Paweł II, zwłaszcza przez swoje podróże, zdecydowanie przyczynił się do zniwelowania tego dystansu, choć musiał, jak przyznał, znosić także pewne „ataki".

Jako pierwszy papież w historii, w 1989 roku udał się do „królestwa" reformacji, do krajów skandynawskich. A tam nie zawsze jego przyjęcie godne było ludzi Kościoła. Niektórzy biskupi lute-

rańscy w Norwegii czy w Danii opuścili spotkania modlitewne z Papieżem.

Mimo wszystko ta wizyta wydała obfity owoc. Jan Paweł II, przychodząc jak brat, przyjaciel, a przede wszystkim jako świadek Chrystusa, obalił znaczną część wrogiego papiestwu nastawienia, które uporczywie trwało w tamtych krajach. Dokonał znamiennego przewartościowania postaci i dzieła Lutra, torując w ten sposób drogę do doktrynalnej konfrontacji między katolikami a członkami Kościołów reformowanych. I skomentował: „Łaską jest sam fakt, że mogliśmy się razem modlić".

Jeśli chodzi o owoce, jakie przyniosła podróż do Skandynawii, pragnę przypomnieć, że dwa lata później została odprawiona w Bazylice świętego Piotra uroczystość ekumeniczna z okazji 600-lecia kanonizacji świętej Brygidy Szwedzkiej. Pierwszym nieszporom, wraz z Janem Pawłem II, przewodniczyli luterańscy prymasi Szwecji i Finlandii.

Następnego dnia przy obiedzie jeden z arcybiskupów zapytał Papieża, czy fakt ich obecności przy ołtarzu, u jego boku, nie mógł być równoznaczny z uznaniem ważności ich święceń biskupich. Ojciec Święty na ten żart odpowiedział innym żartem: „A nie mogłoby natomiast być tak, że dwaj arcybiskupi, stojąc u mego boku, uznali mój prymat?".

Stwierdzenie to odzwierciedla atmosferę braterstwa i bliskości, którą zawdzięczano papieskiej podróży. Ten sam klimat odnalazłem dwa lata później w innym kraju o zdecydowanej większości luterańskiej, w Estonii. W katedrze w Tallinie Jan Paweł II został przyjęty niczym „głowa Kościoła". W swoim przemówieniu prezydent Republiki nazwał go „moim Ojcem", „Ojcem Świętym". Na zatłoczonym do granic możliwości placu przed kościołem panowała wyjątkowa atmosfera. To był prawdziwy, rzeczywisty ekumenizm.

I jeszcze inne wymowne zdarzenie. Papież pojechał na Słowację, do Koszyc, na uroczystość kanonizacji trzech męczenników torturowanych i zabitych przez kalwinistów w 1619 roku w trakcie jednej z licznych wojen religijnych. Tego samego dnia, podczas przejazdu do Preszowa na spotkanie ze wspólnotą greko-katolicką, poprosił ojca Roberta Tucciego (był wówczas organizatorem podróży papieskich, dziś jest kardynałem), aby zaprowadził go pod pomnik upamiętniający masakrę dwudziestu czterech kalwinistów, której dopuścili się katolicy w tym samym mrocznym okresie historii.

Ojciec Święty pomodlił się przed pomnikiem, odmawiając modlitwę *Ojcze nasz* wraz z luterańskim biskupem. Później dowiedziałem się, że po odjeździe Papieża biskup powiedział: „Nigdy nie przyszłoby mi do głowy, że może dojść do czegoś podobnego".

Tymczasem sytuacja zaczęła się pogarszać. Kościół anglikański zdecydował się dopuścić do kapłaństwa kobiet, doprowadzając w ten sposób do nowego punktu spornego z katolikami. Jeszcze większe problemy pojawiły się z prawosławiem. Po zmierzchu epoki komunizmu i rozpadzie imperium sowieckiego, eksplozja nacjonalizmu wprowadziła zamieszanie także w Kościołach, szczególnie tych prawosławnych, które przez wiele lat żyły w ucisku, wyłączone z procesu ekumenizacji.

Ojciec Święty wyczuł momentalnie, że zaistniała sytuacja mogła skomplikować relacje z Rzymem. Kościół katolicki, dzięki swej jedności, dysponował siłą, wielką siłą, jakiej brakowało Kościołom prawosławnym, poróżnionym i podzielonym. Papież próbował zatem nawiązać dialog pełen szacunku, delikatności i zrozumienia, jak najdalszy od jakiegokolwiek prozelityzmu, a jednak nie zawsze znajdował zrozumienie. Nie zawsze pojmowano jego intencje.

Bywało tak szczególnie w przypadku prawosławnego patriarchatu Moskwy. Była sprawa unitów, czyli katolików Koś-

cioła Wschodniego pozostający w jedności z Rzymem, którzy domagali się zwrotu kościołów i mienia, zagarniętych przez komunistyczny reżim w okresie represji i przekazanych prawosławnym. Poza tym, gdy Stolica Apostolska odbudowała hierarchię kościelną w Rosji, tworząc prawdziwe diecezje, Moskwa zareagowała w sposób drastyczny i zawiesiła na jakiś czas kontakty.

Ojciec Święty mawiał, że Kościoły w Rosji po wyjściu ze straszliwego ucisku mają pełne prawo do definitywnego uregulowania swej pozycji. Nie mogą pozostawać bez pasterzy.

Patriarchat Moskwy został o tym przedsięwzięciu powiadomiony wcześniej. Nuncjusz poinformował o zamiarze Stolicy Apostolskiej utworzenia czterech diecezji, którym właśnie po to, by uniknąć zadrażnień, celowo nadano tytuły katedr, a nie nazwy terytorialne, jakimi posługiwał się już Kościół prawosławny.

Może początkowo nie przywiązywano do całej sprawy zbyt wielkiej wagi i dlatego przyjęto podjęte działania. Nie było żadnego sprzeciwu. Dopiero później, gdy zobaczono cały zrealizowany „plan", a może wskutek wewnętrznych protestów, zareagowano w taki negatywny sposób. Nikt, powtarzam, nikt nie spodziewał się takiej reakcji!

I tak, jedna po drugiej, przepadły wszystkie okazje do spotkania Papieża z patriarchą Moskwy Aleksym II.

Pierwszy raz przy okazji podróży apostolskiej na Węgry we wrześniu 1996 roku. Sam rząd węgierski, za pośrednictwem ambasadora przy Stolicy Apostolskiej, zaproponował to spotkanie w miejscowości Pannonhalma. Sprzeciwił się wtedy Święty Synod prawosławnego patriarchatu.

Drugim razem, w 1997 roku, przygotowania do spotkania cieszyły się prawie oficjalną aprobatą. Stronę katolicką reprezento-

wał arcybiskup Pierre Duprey, sekretarz Papieskiej Rady ds. Popierania Jedności Chrześcijan, natomiast stronę prawosławną metropolita Kirył, przewodniczący Departamentu ds. Relacji Zewnętrznych. Wybrano miejsce położone w połowie drogi pomiędzy Rzymem a Moskwą – klasztor cystersów Heiligenkreutz (Świętego Krzyża), oddalony o około trzydzieści kilometrów od Wiednia. Skorzystano przy tym z okazji, że Aleksy II udawał się właśnie do Austrii, do Grazu, na II Europejskie Zgromadzenie Ekumeniczne. Wszystko było przygotowane na 21 czerwca. W ostatniej chwili Kirył powiadomił, że spotkanie nie jest możliwe. Również tym razem powodem był sprzeciw Synodu.

Trzeci raz w 2003 roku. Podczas lotu do Mongolii samolot z Papieżem na pokładzie miał mieć międzylądowanie techniczne w Kazaniu, na terytorium rosyjskim, w celu przekazania ikony Matki Bożej...

Ojciec Święty gorąco pragnął udać się z pielgrzymką do Rosji. Miała ona wyrażać jego pragnienie jedności chrześcijan oraz oczyszczenia relacji z Kościołem prawosławnym, od tak dawna leżących mu na sercu, dlatego tak ważne było, aby mógł spotkać się z Aleksym II. Niestety, również tym razem do spotkania nie doszło.

Tymczasem scenę ekumeniczną ogarnęła całkowita ciemność. Prawosławny świat zmuszony, by stanąć po stronie Moskwy, połączył się z nią ponownie przeciw Rzymowi, przeciw domniemanemu „prozelityzmowi".

Papież nie chciał się poddać. Zaproponował niesłychaną inicjatywę w swojej encyklice *Ut unum sint*, aby zacząć na nowo. Deklarował w niej, że jest gotów w dialogu z innymi chrześcijanami wypracować nową definicję formy sprawowania prymatu Biskupa Rzymu, aby zamiast dzielić, mógł stać się on czynnikiem sprzyjającym jedności. Z tego względu Kongregacja

Nauki Wiary przygotowała opracowanie na temat prymatu w ciągu pierwszych dziesięciu wieków, kiedy to chrześcijaństwo było jeszcze zjednoczone.

Potem zaś, pragnąc odbudować klimat braterskiej przyjaźni z różnymi Kościołami prawosławnymi, Jan Paweł II podjął serię podróży do krajów o wysokim stopniu ryzyka. Pojechał do Rumunii, gdzie pozostawała otwarta kwestia unitów, do Grecji, gdzie prawosławni biskupi nawet go nie zaprosili, i na Ukrainę, niedaleko Moskwy. Tak dzięki nastawieniu na mea culpa, *czyli gotowości przyznawania się do popełnionych przez katolików błędów, w przekonaniu, że – jak powtarzał – należało zaczynać od jedności afektywnej, żeby dojść do jedności efektywnej, Papież zdołał radykalnie przełamać deklarowane wcześniej otwarcie wrogie nastawienie.*

Do dziś ze wzruszeniem wspominam okrzyk: *Unitade, unitade* („Jedność, jedność"), który wybuchł w tłumie w czasie wizyty Ojca Świętego w Bukareszcie, w Rumunii. Wszyscy – prawosławni, katolicy, protestanci, ewangelicy – krzyczeli wspólnie nawołując do powrotu do pierwotnej jedności chrześcijan.

Pragnę jeszcze powrócić do wizyty w Grecji, właśnie ze względu na jej wyjątkowość. Podczas pobytu Ojca Świętego w Atenach zobaczyliśmy, jak te dwa Kościoły, niegdyś tak sobie obce, z godziny na godzinę coraz bardziej się do siebie zbliżają. Po odjeździe Papieża Kościół prawosławny już nie był taki sam, jak w chwili przyjazdu Ojca Świętego do Grecji.

A więc? Kiedy zjednoczenie wszystkich chrześcijan? Karol Wojtyła zadawał sobie to pytanie w zakończeniu encykliki Ut unum sint: Quanta est nobis via? *Jaką drogę musimy jeszcze przemierzyć? Być może pierwszą odpowiedzią był ten gest, kiedy sześć dłoni wspólnym wysiłkiem otwierało starożytne bizantyjskie wrota w Bazylice świętego Pawła za Murami. Dłonie wciąż podzielonych chrześcijan, którzy jednak z pewnością pragnęli pojednania.*

33
Wspólne dziedzictwo

Istnieje jakaś przedziwna ciągłość pomiędzy Karolem Wojtyłą z okresu polskiego a Karolem Wojtyłą, który został papieżem. Ciągłość w zachowaniu, w gestach, nawet w słowach. Tak, jakby doświadczenia lat młodzieńczych, lat kapłaństwa i biskupstwa, stanowiły obowiązkowe, konieczne „etapy" na drodze, która przygotowywała go do podjęcia odpowiedzialności w czasie pontyfikatu.

Myślę, że całe bogactwo Karola Wojtyły: doktryna, nauka, wiedza, świętość, sposób patrzenia na świat, a także największe troski jako biskupa: rodzina, młodzież, prawa ludzkie, prawomyślność, wykształcenie kleru... Otóż myślę, że cały ten jego osobisty wkład dojrzał i nabrał charakteru uniwersalności w posłudze jako papieża. Do tego stopnia, że uczynił jego pontyfikat czasem głębokich przemian.

Pośród doświadczeń polskich jest prawdopodobnie jedno, które bardziej od innych pomoże zrozumieć to wszystko, co uczynił potem na Stolicy świętego Piotra. Pierwszy papież, który przekroczył próg synagogi, pierwszy, który tak bardzo zaangażował się w „oczyszczenie" nauczania Kościoła katolickiego w kwestii judaizmu i wypowiedział najmocniejsze słowa przeciw antyse-

mityzmowi, to ten sam Karol Wojtyła, który, jako chłopiec, w Wadowicach, gdzie się urodził, dzielił z Żydami swoją codzienność.

Wadowice liczyły około dziesięciu tysięcy mieszkańców, z czego jedną trzecią stanowili Żydzi, którzy czuli się absolutnie Polakami, wielkimi patriotami. Katolicy i Żydzi współżyli w prostocie ducha, bez konfliktów. Poprzez tę codzienność bogatą w przyjaźń, szacunek i tolerancję, Karol Wojtyła miał możliwość poznać judaizm od wewnątrz. Również na płaszczyźnie religijnej, duchowej. Już wtedy dojrzewało w nim przekonanie, że Żydów i katolików łączy świadomość, iż zwracają się w modlitwie do tego samego Boga.

Właściciel mieszkania rodziny Wojtyłów był Żydem. Karol miał w klasie kolegów Żydów, na przykład Zygmunta czy Leopolda. Grywał w piłkę z przyjaciółmi Żydami, z Poldkiem, muzykiem, i nigdy nie dostrzeżono między nimi żadnej obcości. Żydówką była zaprzyjaźniona, niewiele starsza od niego, sąsiadka mieszkająca piętro wyżej, Ginka, dzięki której zbliżył się do teatru. Była też żydowska rodzina państwa Klugerów, których Karol często odwiedzał, szczególnie Jerzego, którego poznał w pierwszej klasie szkoły podstawowej i który stał się jednym z jego najbliższych przyjaciół.

Karol i Jerzy, a właściwie Lolek i Jurek, jak zwykli się nazywać, pozostali w jednej klasie aż do zdania matury w gimnazjum. W tym okresie wzajemnie się odwiedzali. Jurek chodził do domu Wojtyłów, gdyż tata Lolka, Pan Kapitan, pomagał im w rozwiązywaniu zadań. Lolek chodził do Jurka, żeby słuchać radia czy kwartetu muzycznego dyrygowanego przez pana adwokata Klugera, który w tamtym czasie był przewodniczącym lokalnej wspólnoty żydowskiej. Poza tym babcia Jurka, pani Huppert, często spacerowała z proboszczem, księdzem Prochownikiem, po rynku, a potem siadywali wspólnie na ławeczce i rozmawiali tak donośnym głosem, ze pan Ćwiek, jedyny policjant w miejscowości, musiał stać przy nich na warcie i oddalać przechodniów zatrzymujących się, żeby posłuchać.

To była codzienność Wadowic.

Istnieje też drugi aspekt, który pomoże wyjaśnić swego rodzaju żydowskie „korzenie" przyszłego papieża. Gdy wybuchła II wojna światowa, on przeżył z bliska, choć nie bezpośrednio, tę koszmarną tragedię: „ostateczne rozwiązanie", jak określano plan wyeliminowania rasy żydowskiej z kontynentu europejskiego.

Dopiero po zakończeniu wojny Karol dowiedział się, że wielu jego przyjaciół Żydów zginęło na polu walki lub w hitlerowskich obozach. Dowiedział się, że zagłady narodu żydowskiego – Szoah – dokonano w Polsce, na jego rodzinnej ziemi. Był tym tak wstrząśnięty, że do końca nosił w sobie wspomnienie tego koszmarnego doświadczenia.

Hitlerowskie szaleństwo unicestwiło także rodzinę Klugerów. Matka Jurka, jego dwudziestoletnia siostra Tesia oraz babcia zginęły w obozie zagłady. On sam, Jurek, walczył we Włoszech w wojsku generała Andersa. Po zakończeniu wojny ożenił się i zamieszkał w Rzymie. I tam, niespodziewanie, odnalazł starego przyjaciela, Lolka, który tymczasem został arcybiskupem krakowskim.

Ta przyjaźń nigdy nie minęła, nawet po wyborze Karola Wojtyły na papieża. Ojciec Święty od czasu do czasu zapraszał go wraz z rodziną na obiad czy kolację. I nadal mówili sobie po imieniu i rozmawiali niczym dwaj koledzy ze szkolnej ławki. Pan inżynier Kluger traktował Papieża jak członka rodziny, a on czuł się nim naprawdę. Ochrzcił jego wnuczkę, potem udzielił jej ślubu, a jeszcze później ochrzcił także jej córeczkę. Prawdziwa przyjaźń – taka na całe życie!

Teraz łatwiej będzie można zrozumieć, dlaczego, jako papież, Karol Wojtyła udał się do Auschwitz i powiedział: „Nie mogłem tu nie przybyć". I dlaczego postanowił uczynić to, czego nie dokonał żaden zwierzchnik Kościoła katolickiego przez dwa tysiące lat: przekroczyć próg synagogi, czyniąc tym samym historyczny gest solidarności i zadośćuczynienia wobec narodu żydowskiego.

W lutym 1981 roku Ojciec Święty udał się z wizytą duszpasterską do jednej z rzymskich parafii, świętego Karola ai Catinari. Ponieważ parafia znajduje się nieopodal żydowskiego getta, w zakrystii zorganizowano spotkanie Papieża z naczelnym rabinem, Elio Toaffem. Było to bardzo prywatne spotkanie, bardzo krótkie, ale było także pierwsze. Przełamano lody.

Pięć lat później, też w lutym, Jan Paweł II rozmawiał przy obiedzie ze swoimi współpracownikami na temat przyszłej podróży do Stanów Zjednoczonych. Arcybiskup Los Angeles zaproponował, aby Papież odwiedził tamtejszą synagogę. W tym momencie ktoś stwierdził: „Ojcze Święty, a dlaczego nie zacząć od diecezji Waszej Świątobliwości?".

I zaczęło się od Rzymu. Urzeczywistniło się pragnienie, które Jan Paweł II od dawna nosił w swoim sercu. Kontakty z drugą stroną nawiązał – i zrobił to bardzo dobrze – arcybiskup Jorge Mejía, obecnie kardynał.

Potrzebny był do tego Papież taki, jak On, syn narodu, który podobnie w tak tragicznych okolicznościach doświadczył okrucieństwa wojny i obozów koncentracyjnych, aby powtórzyć słowa Soboru Watykańskiego II przeciwko Szoah, przeciw antysemityzmowi. Słowa, które, wypowiedziane w rzymskiej synagodze, nabierały niezwykłej mocy.

To prawda. Potrzeba było takiego Papieża i jego historii dla wiarygodnego przywołania żydowskich korzeni chrześcijaństwa, dla przypomnienia i ożywienia „duchowej więzi", która nierozerwalnie łączy Żydów i chrześcijan.

Potrzeba było takiego Papieża, który od zawsze postrzegał katolicyzm w ścisłym związku ze Starym Testamentem i tak to przeżywał. Potrzeba było takiego Papieża, aby modlić się wspólnie ze „starszymi Braćmi w wierze", jak ich określił, czerpiąc ze swojej wiary, ze swej wielkiej miłości do Pisma Świętego.

Dla Ojca Świętego, na koniec wizyty, nie mogło być piękniejszych słów od tych, którymi zwrócił się do niego w prywatnej rozmowie rabin Toaff: „My, Żydzi, jesteśmy wdzięczni wam, katolikom, że przedstawiliście światu koncepcję monoteistycznego Boga".

Nareszcie Żydzi i chrześcijanie mogli podjąć wspólną wędrówkę. Pomimo niemałych trudności i żywych kontrastów, jak w przypadku klasztoru karmelitanek w Oświęcimiu, czy z powodu żydowskiej krytyki odnośnie do pewnych niedomówień (tak zostały one przynajmniej ocenione), które pojawiły się w dokumentach watykańskich przy okazji nowego odczytania historii, szczególnie dotyczącej pontyfikatu Piusa XII i jego domniemanego „milczenia".

Wszelkie polemiki uciszał zawsze mocnymi, kategorycznymi słowami Jan Paweł II. Przyznawał, że zbyt duża była bojaźliwość wielu chrześcijan w duchowym oporze wobec hitlerowskiego nazizmu. I potwierdzał nieodwołalność faktu, że naród żydowski jest narodem wybranym przez Boga, a także wyjątkowość, a w każdym razie specyficzność Szoah.

Na końcu, w okresie Jubileuszu Roku 2000, odbył podróż do Ziemi Świętej.

Kiedy weszliśmy do mauzoleum Yad Vashem, widząc wzruszenie na twarzy Ojca Świętego zrozumiałem, dlaczego tak bardzo chciał tej wizyty. Przypuszczam, że to wzruszenie było zaledwie namiastką ogromu emocji, które miał w sercu. Które podzielał ze swymi przyjaciółmi Żydami, stojącymi tuż obok.

A może – jest to jedynie moje wrażenie – Ojciec Święty czując, że zbliża się do kresu swej drogi, myślał, że nie uczynił wszystkiego, co w jego mocy, aby oddać cześć ofiarom zagłady, aby potępić to wszystko, ludzi i ideologię, co zrodziło tę tragedię. Dlatego czekał z niecierpliwością na przekroczenie progu tego miejsca Pamięci, aby odmówić tam modlitwę na pamiątkę sześciu milionów Żydów zamordowanych tylko dlatego, że byli Żydami. Pośród tych sześciu milionów, zastraszającej liczby, było około półtora miliona dzieci.

Przed obliczem tego straszliwego ciężaru, najsłuszniejszą rzeczą, jaką można było uczynić, i co Ojciec Święty uczynił, było ograniczenie do minimum słów, tak aby przemówiła cisza. Cisza serca. Cisza pamięci.

W tym momencie premier Izraela Ehud Barak, tak jakby pragnął wesprzeć Papieża i powiedzieć mu, że doskonale rozumie to, co odczuwa, zbliżył się i rzekł: „Nie mógł Ojciec powiedzieć więcej nad to, co powiedział!".

Idąc śladami wspomnień chciałbym przywołać jeszcze jeden gest Ojca Świętego. Nie był to gest dla mediów czy dla przyciągnięcia uwagi, ale gest, którego źródłem była jego głęboka wiara. Mówię tu o Ścianie Płaczu.

Ojciec Święty przeczytał cichym głosem trzymaną w dłoni karteczkę. Była to prośba o przebaczenie, z którą zwracał się do narodu żydowskiego. Już raz przeczytał ją w Bazylice świętego Piotra i pragnął przywieźć ją tutaj. Przeszedł kilka kroków i wsunął karteczkę w szczelinę muru.

Zastanawiałem się, jakie wrażenie wywoływał ten obraz na Żydach. Odpowiedź otrzymałem kilka dnia później czytając jedną z gazet. Było w niej oświadczenie Elie Wiesela, Żyda, laureata Pokojowej Nagrody Nobla: „Kiedy byłem dzieckiem, bałem się przechodzić w pobliżu kościoła. Teraz wszystko się zmieniło...".

34

Zabijać w imię Boga?

Z pewnością nie było rzeczą łatwą wykreślić, czy choćby zapomnieć czternaście wieków konfliktów, uprzedzeń, „świętych wojen". Od samego początku historia relacji islamu z chrześcijaństwem, poza małymi wyjątkami, była przesiąknięta niechęcią, rywalizacją, jeśli nie wręcz próbą wzajemnego unicestwienia. Z jednej strony pamiętamy krucjaty, z drugiej najazdy na Europę. Z jednej strony krucjaty, z drugiej najazdy Europy. Z jednej strony Chrystusowy krzyż na sztandarach, a z drugiej wyryte na bułatach i na strzelbach imię Allaha.

Doszło do zwrotu. Sobór Watykański II wykazał pozytywne nastawienie także wobec muzułmanów. Powoli ustępowały dawne napięcia. Pojawiły się wspólne deklaracje potępiające akty przemocy, jak miało to miejsce w Algierii. Prawdziwa odmiana nastąpiła za pontyfikatu Jana Pawła II. Dwutygodnik „La Civiltà Cattolica" napisał: żaden inny Papież w historii nie poświęcił „tak wiele uwagi" relacjom z muzułmanami.

Decydującą rolę odegrało tu doświadczenie zebrane podczas podróży apostolskich do krajów muzułmańskich. Ojciec Święty przekonał się, że Kościół katolicki powinien zwielokrotnić wysiłki w celu rozwinięcia dialogu i współpracy z islamem. Cały świat - mówił - mógłby czerpać korzyści z dobrych stosunków pomiędzy tymi dwiema wielkimi tradycjami religijnymi.

Na zakończenie długiej podróży do Afryki, wiosną 1985 roku, Papież zatrzymał się w Maroku, gdzie przyjęto go w sposób wyjątkowy jak na kraj muzułmański. Król Hassan II osobiście zainteresował się przygotowaniami, nawet samym udekorowaniem ołtarza. Szczytowym momentem było natomiast spotkanie z co najmniej osiemdziesięcioma tysiącami islamskiej młodzieży w Casablance. Wspaniała biała plama pokrywająca stadion i trawnik. „Musimy się szanować", powiedział Jan Paweł II, a jego szczerość podbiła serca obecnych.

Ukazał się jako ten, kim był – Biskup Rzymu, głowa Kościoła katolickiego. Już na początku wyjaśnił, że przybył, aby mówić o Chrystusie. Bez maskowania się, bez wybiegów. Przede wszystkim zaś przedstawił się jako wierzący w Boga wobec wierzących w Boga. „Pragnę po prostu dać Wam świadectwo tego, w co wierzę".

Wspaniałe było, gdy ci młodzi ludzie bili brawo we właściwych momentach. Nie znali przecież tekstu przemówienia, nie mogli być przygotowani. Przekonaliśmy się, że z uwagą i zainteresowaniem słuchali słów, które kierował do nich Ojciec Święty: chrześcijanie i muzułmanie, jako potomkowie Abrahama, wyznają tego samego Boga, jedynego Boga. Mają ze sobą wiele wspólnego, jako wierzący i jako ludzie. I zwłaszcza dziś, w coraz bardziej zeświecczonym i ateistycznym świecie, chrześcijanie i muzułmanie muszą dawać wspólne świadectwo swoim duchowym wartościom.

To było doprawdy niezapomniane spotkanie. Liczne arabskie gazety wypowiedziały się o nim pozytywnie.

Rok później w Asyżu odbył się Dzień Modlitwy o Pokój, przybyło tam też kilku przedstawicieli islamu, przynajmniej jego bardziej duchowego, umiarkowanego odłamu. Religia ta, obejmując ponad miliard wyznawców, charakteryzuje się ogromną różnorodnością stanowisk i zachowań.

To właśnie w tamtym okresie wielka różnorodność stanowisk stawała się coraz bardziej widoczna, z jednej strony ze względu na zaostrzający się spór świata arabskiego z Izraelem z powodu Palestyny, z drugiej zaś z uwagi na stopniowy wpływ grup integralistycznych, a zatem państw zdominowanych przez szariat, podporządkowujących prawa cywilne przepisom religijnym. Czy też, jak w przypadku Arabii Saudyjskiej, gdzie nie ma przyzwolenia na żadne święte miejsce dla kultu katolickiego.

To zmartwienie coraz częściej zaprzątało myśli Ojca Świętego i jego bliskich współpracowników. Stolica Apostolska musiała uczynić wszystko, co było w jej mocy, w celu uniknięcia wojen na Bliskim Wschodzie i tego, by nawet w najmniejszym stopniu nie miały one charakteru konfliktu na tle religijnym.

Wiara w Boga nie mogła absolutnie prowadzić do rozwiązywania problemów za pomocą konfliktu zbrojnego. Byłoby bluźnierstwem myśleć inaczej! Dlatego właśnie, zgodnie z duchem Asyżu, niezbędne było uczynić wszystko dla pogłębienia dialogu między religiami monoteistycznymi, a także z innymi religiami.

Na rok 2000 Jan Paweł II zaplanował jubileuszową pielgrzymkę śladami Abrahama, Mojżesza, Jezusa i Pawła. Miała to być wędrówka po początkach historii chrześcijaństwa, po miejscach, w których Bóg żywy odcisnął swe „ślady".

Niestety, nie wyrażono zgody na rozpoczęcie jej na pierwszym etapie, w Ur Chaldejskim, w Iraku. Papież był zmuszony rozpocząć swą pielgrzymkę w Watykanie uroczystością upamiętniającą Abrahama.

Naturalnie, było mu przykro z powodu odmowy. Jeszcze bardziej dlatego, że nie zrozumiane zostało jego pragnienie przejścia po śladach tego, który jest wspólnym ojcem w wierze także dla muzułmanów.

Niezrozumiała była ta odmowa. Kardynał Etchegaray udał się do Iraku, aby zorganizować wizytę. Siły międzynarodowe poinformowały już, że będą mogły zagwarantować bezpieczeństwo. Tymczasem, po długim oczekiwaniu, dotarło do nas „nie" Saddama Husajna. Bardzo uprzejme, umotywowane zbyt wysokim ryzykiem. Czy był to jednak prawdziwy powód?

Aby trochę „osłodzić" gorycz odmowy, iraccy biskupi przywieźli Papieżowi w darze cegłę z domu Abrahama. A Ojciec Święty odrzekł na to: „I pomyśleć, że ja zawsze sądziłem, że Abraham mieszkał w namiocie...".

W każdym razie, na trasie swej pielgrzymki Jan Paweł II miał okazję podążać także drogami świata muzułmańskiego. Udał się do Kairu, na Górę Synaj, a później do Jordanii, na górę Nebo, do ziemi palestyńskiej, do Betlejem, do Jeruzalem, na Kopułę Skały, jedno z najświętszych miejsc islamu.

Któż jednak mógł przewidzieć to, co wydarzyło się rok później?

Muszę przyznać, że jeszcze trzy miesiące przed podróżą Ojca Świętego do Syrii nic nie było o niej wiadomo. Nigdy się o niej nie mówiło. Nie tylko przy tamtej okazji, lecz również wcześniej. W Kairze czy w Jerozolimie nikt nie zaprosił Papieża, aby wszedł do świątyni muzułmańskiej. Nie wiem, może nie uczyniono tego przez delikatność, podejrzewając, że tą propozycją wprawiliby go w zakłopotanie.

Potem, niespodziewanie, przyszło zaproszenie z Damaszku. Była to z jednej strony idea syryjskich władz, z drugiej zaś naciskały na to środowiska islamskie. Ale wszyscy byli zgodni. I szczęśliwi, że przyszło im to do głowy. I że tak właśnie postanowili.

I tak 6 maja 2001 roku głowa Kościoła katolickiego po raz pierwszy przekroczyła próg meczetu – meczetu Omajadów, gdzie przechowywane są relikwie Jana Chrzciciela. To była kolejna, jak-

że ważna karta w dziejach religii. Nie tylko ze względu na jej symboliczny wymiar w stosunku do burzliwej przeszłości, ale przede wszystkim z uwagi na zaangażowanie chrześcijan i muzułmanów, aby nie „nadużywać" więcej religii dla usprawiedliwienia nienawiści czy przemocy, aby odkryć wspólne korzenie. Aby, jak zostało powiedziane, podejmować wszelkie starania, by przedstawiać te dwie religie nie w opozycji, co czyniono zbyt często, ale we współpracy.

Wydawało się, że wydarzenie to zwiastuje początek okresu pokojowego i twórczego współżycia. Ojciec Święty nie ukrywał nadziei, że świat, także za przyczyną duchowej atmosfery, którą zawdzięczał obchodom Jubileuszu, odnajdzie teraz odrobinę spokoju. Że będzie można osiągnąć bardziej trwały i bardziej powszechny pokój i jednocześnie poszerzyć przestrzeń sprawiedliwości...

Nadszedł 11 września 2001 roku.

Pomiędzy godziną 8.45 a 9.45 czasu lokalnego dwa samoloty z dziesiątkami pasażerów na pokładzie roztrzaskały się o ściany siedziby World Trade Centre *w Nowym Jorku, podczas gdy trzeci w Waszyngtonie uderzył w zachodnią część budynków Pentagonu.*

Nowe wcielenie terroryzmu pod przewodnictwem al-Kaidy (co oznacza Podstawę*) i Osamy ben Ladena, terroryzm niewidzialny, używający wyrafinowanej, zabójczej broni i zasobów sięgających miliardów dolarów, podburzany islamskim fundamentalizmem, wypowiadał wojnę Ameryce i zachodniej części świata. Wojnę, która posługuje się religią, niosąc śmierć i zagładę w imię Boga...*

Jan Paweł II przebywał w Castel Gandolfo. Zadzwonił telefon, po drugiej stronie słuchawki słychać było przerażony głos kardynała Angela Sodano, sekretarza stanu. Włączono telewizor i Ojciec Święty oglądał dramatyczne obrazy, zawalenie się budynków WTC, w których tkwiło uwięzionych tak wiele niewinnych ofiar. Popołudnie spędził pomiędzy kaplicą a telewizją, nosząc w sercu ogrom cierpienia.

Następnego ranka Papież odprawił Mszę świętą. Potem, na placu świętego Piotra, miała miejsce specjalna audiencja generalna. Pamiętam jego słowa: „Mroczny dzień w dziejach ludzkości". Pamiętam, jak przed modlitwą poprosił wiernych o powstrzymanie się od owacji i pieśni. To był dzień żałoby.

Był zmartwiony i pełen obaw, że mogło się na tym nie skończyć, że zamach może wywołać niekończącą się spiralę przemocy. Także dlatego, że – jego zdaniem – wzrost plagi terroryzmu wynikał również z wielkiego ubóstwa, z bardzo ograniczonych możliwości edukacji i rozwoju kulturalnego, na które cierpiało wiele narodów arabskich, a zatem, żeby zwalczyć terroryzm, należało jednocześnie wyeliminować ogromne dysproporcje społeczne i gospodarcze pomiędzy Północą a Południem.

Kolejny raz Jan Paweł II miał rację. Afganistan został uwolniony od reżimu talibów, ale zostało zabitych wielu niewinnych ludzi. Nie trzeba było długo czekać, aby przekonać się, że wojenna machina nie była już w stanie się zatrzymać, a raczej, że ludzie nie chcieli już jej zatrzymać.

To wtedy Karol Wojtyła, chociaż w zaawansowanym wieku, zmęczony i schorowany, zaangażował się prawdopodobnie w najboleśniejszą i najtrudniejszą fazę swoich działań na rzecz pokoju. Wyruszył w świat, aż po Azerbejdżan, aby wypowiadać się przeciw przemocy, przeciw „wojnie w imię Boga". Wysłał swych przedstawicieli do Iraku i do Ameryki, spotkał się z głowami państw i politykami, by zażegnać tę absurdalną wojnę. Wojnę, której przyczepiono etykietkę „prewencyjnej", ale która w rzeczywistości, prowadzona w ten sposób, byłaby jednostronna, a więc bezprawna i niemoralna.

15 marca 2003 roku, w sobotę, Ojciec Święty w towarzystwie kardynała Sodano i arcybiskupa Taurana przyjął na

audiencji kardynała Pio Laghi, który powrócił właśnie z misji w Stanach Zjednoczonych. Laghi, choć nie uważał jeszcze, że wszystkie szanse są już stracone, przekazał słowa amerykańskiego prezydenta. Bush świetnie rozumiał moralne zastrzeżenia Papieża, ale niestety nie mógł się już wycofać. Dał Saddamowi Husajnowi ultimatum czterdziestu ośmiu godzin.

Tymczasem kardynał Etchegaray przekazał może nie negatywną, ale niewątpliwie dwuznaczną odpowiedź rządu irackiego. Władze wyrażały swą gotowość do współpracy z inspektorami ONZ, ale powściągliwie wypowiadały się na temat „broni masowego rażenia".

A więc wiedziano już wszystko, co trzeba było wiedzieć. Po tym spotkaniu z 15 marca powstał tekst modlitwy Anioł Pański przygotowany na następny dzień. Zawierał on smutny, a zarazem zdecydowany apel skierowany zarówno do Saddama Husajna, jak i do krajów, które były członkami Rady Bezpieczeństwa ONZ. Czytając go w oknie Ojciec Święty zdawał się podtrzymać ostatnią, nikłą nadzieję, zauważalną jeszcze w świecie. Trzykrotnie powtórzył: „Jest jeszcze szansa!", „Nigdy nie jest za późno!".

Najwyraźniej jednak nie wydawało mu się, że to wołanie wystarczy. Intuicyjnie rozumiał, że – prócz tego promyka nadziei – sytuacja wymyka się spod kontroli i wszystko zmierza do wybuchu wojny, która mogła przybrać postać wojny cywilizacji lub, co gorsza, „świętej wojny".

Poczuł potrzebę podzielenia się tym, co nosił w sercu, swoim osobistym świadectwem. Pragnął przypomnieć, że należy do pokolenia tych, którzy doświadczyli okrucieństwa wojny. Również dlatego czuł się zobowiązany wołać: „Nigdy więcej wojny!".

Z miejsca, w którym znajdowałem się w prywatnej bibliotece, widziałem go jedynie z profilu. Ale widziałem. Widziałem jego twarz, która stawała się coraz bardziej ściągnięta, i prawą rękę, usiłująca nadać jego słowom jeszcze mocniejsza wymowę.

Nocą 20 marca na Bagdad zaczęły spadać pierwsze bomby. Rozpoczęła się druga ofensywa przeciw Saddamowi Husajnowi. Wczesnym rankiem Jan Paweł II poinformowany został o tym przez Sekretariat Stanu.

W ciągu następnych dni widziałem Ojca Świętego przytłoczonego cierpieniem. Odczuwał ogrom całej tragedii. Miałem jednak wrażenie, że nie tracił także pogody ducha. Nigdy, do samego końca, nie pogodził się z myślą o wojnie. I dlatego uważał, że musi uczynić wszystko, co w jego mocy, aby wojnę powstrzymać. Także tym razem bronił pokoju, jak przy każdej innej okazji.

Przed jakąkolwiek próbą, z którą miał się zmierzyć, nigdy nie zastanawiał się, czy wyjdzie z niej jako zwycięzca czy pokonany. Nie stawiał sobie tego problemu. Tak było i tym razem. Usiłował wypełnić swój obowiązek wobec Boga, Kościoła i ludzi. Robił to jako człowiek wolny, nie ulegając presji ani Zachodu, ani Wschodu. Jak zawsze. Może właśnie dlatego, dzięki swemu autorytetowi moralnemu, swej wiarygodności, zdołał utrzymać z dala od toczącej się wojny, a przez to ochronić, relacje między islamem i chrześcijaństwem.

W chwili, gdy świat zdawał się eksplodować pod wpływem tragicznych napięć, jedynie on, świadek pokoju, przypominał, że bieg historii, ewolucja myśli, a przede wszystkim religie zwiastują, mimo wszystko, nieprzerwane dążenie w kierunku jedności. A zdanie powtarzane przez Jana Pawła II w ciągu całego pontyfikatu – „Świat może się zmienić!" – jest może najcenniejszą spuścizną, jaką mógł zostawić człowiekowi XXI wieku.

35
„Pozwólcie mi odejść do Pana"

Dopiero teraz, na zakończenie mojego opowiadania o prawie czterdziestu latach spędzonych u boku Karola Wojtyły, dostrzegam, że zupełnie pominąłem część związaną z chorobami i z cierpieniem Ojca Świętego.

Muszę o tym opowiedzieć, ponieważ jego droga była nieprzerwanym męczeństwem. I nie ma w tym stwierdzeniu przesady. Jan Paweł II ogromnie cierpiał fizycznie i na duchu, kiedy w pewnych okresach zmuszony był do znacznego ograniczenia czy wręcz przerwania zajęć związanych z pełnieniem misji Pasterza Kościoła powszechnego. „W jego życiu słowo «krzyż» nie jest jedynie słowem" – mawiał jego obecny następca na stolicy Piotrowej, kardynał Joseph Ratzinger.

Może nie mówiłem dotychczas o jego cierpieniu dlatego, że Karol Wojtyła nauczył się pozostawiać mu pewną przestrzeń, jest ono bowiem częścią ludzkiej egzystencji. Nauczył się współżyć z bólem, z chorobą. Było to możliwe przede wszystkim dzięki jego duchowości, dzięki osobistej relacji z Bogiem. „Pragnę za nim podążyć..." – brzmią pierwsze słowa *Testamentu*. Pragnąc nade wszystko iść śladami Pana zrozumiał, że życie jest darem, którym trzeba żyć w pełni, na miarę sił. Dlatego przyjmował wszystko, co Bóg zaplanował dla niego.

Należy pamiętać, że ból towarzyszył mu od samego dzieciństwa. Bardzo wcześnie stracił rodziców i brata. Uległ groźnemu wypadkowi, kiedy potrąciła go niemiecka ciężarówka. Wielu przyjaciół zginęło w czasie wojny. Cierpiał w okowach nazizmu a potem, dźwigając ciężar odpowiedzialności jako biskup, w czasach reżimu komunistycznego.

Jednocześnie trzeba przywołać w pamięci tragiczne doświadczenie zamachu, który przeżył już jako papież. Ból, którego wtedy doświadczył, zranił ciężko nie tylko jego ciało, doprowadzając je do granicy śmierci. Był to również ból człowieka głęboko zranionego w głębi duszy, który nie mógł zrozumieć, dlaczego inny człowiek skierował w jego stronę pistolet, aby go zabić. Zabić tego, który zawsze przeciwstawiał się przemocy. Każdej jej formie.

Pamiętam, że w chwili, gdy opuszczał poliklinikę Gemelli powiedział, że był wdzięczny Bogu za ocalenie mu życia, ale także dlatego, że pozwolił mu stać się częścią wspólnoty chorych, przebywających razem z nim w szpitalu. Czy to rozumiemy? W tamtych dniach poczuł się naprawdę chory, doświadczył prawdziwego bólu także ze względu na to, że dzielił go z innymi. Z tego doświadczenia zrodził się list apostolski *Salvifici doloris*, w którym Ojciec Święty wyrażał głęboki sens cierpienia, nabierającego szczególnego wymiaru na płaszczyźnie wiary, jeśli przeżywa się je wraz z Chrystusem ukrzyżowanym i zmartwychwstałym. Cierpienie staje się wtedy duchowym bogactwem dla Kościoła i dla świata.

Podkreślił to już w dniu inauguracji pontyfikatu, prosząc, aby w pierwszym rzędzie posadzono chorych. Jeszcze większy nacisk położył na to po wyjściu ze szpitala. Podczas wizyt w parafiach, w czasie podróży apostolskich, zawsze pragnął spotykać się z chorymi, cierpiącymi, niepełnosprawnymi. W San Francisco wziął na ręce biednego chłopca chorego na AIDS. W leprozorium w Korei ucałował mężczyznę cierpiącego na tę straszliwą chorobę. W ten sposób Papież chciał przypominać ludziom cierpiącym, a także naszemu egoistycznemu światu, o wartości, jakiej nabiera w oczach Boga cierpienie przeżywane z Chrystusem. Pragnął przypomnieć, że cierpienie można zaakceptować, nie tracąc przy tym niczego ze swojej godności.

Ojciec Święty znosił chorobę i fizyczny ból z wielką pogodą ducha, cierpliwością, co więcej - chciałbym to powiedzieć - z chrześcijańską mocą, a jednocześnie w dalszym ciągu wypełniał powierzoną mu misję. Największe wrażenie wywierało na mnie to, że nigdy nie dawał odczuć innym swoich dolegliwości fizycznych. Ani nam, osobom, które żyły tuż obok niego, ani innym - wiernym, narodom, które odwiedzał. Jestem przekonany, że wiele osób wiedziało o tym bardzo mało, a może nie wiedziało nic.

Nie przeszkadzało mu publiczne mówienie o swych dolegliwościach. Pamiętacie modlitwę Anioł Pański w lipcu 1992 roku? Wyznał wiernym zebranym na placu świętego Piotra, że tego samego wieczora ma się udać do polikliniki Gemelli, aby zrobić pewne badania. Niesamowite! Papież, nie podając szczegółów, informował, że ma poddać się operacji nowotworu jelita. Nie tylko nie ukrywał swych chorób, ale wręcz sobie z nich żartował. Tak było w przypadku polikliniki Gemelli, którą - po wielokrotnej hospitalizacji - zaczął określać mianem „Watykanu numer 3".

Taki był Karol Wojtyła w swoim człowieczeństwie i duchowości. Takim pozostał, choć jego wizerunek coraz bardziej przypominał postać biednego chorego. Był taki nawet wtedy, gdy cierpienie zaczęło go dosłownie powalać. Nawet wtedy, gdy po latach wędrówek po drogach całego świata, zmuszony był poruszać się na wózku inwalidzkim. Nawet wtedy, gdy, po latach głoszenia Ewangelii wszystkim narodom, jego głos stawał się coraz słabszy, coraz bardziej udręczony. Aż w końcu nie był w stanie wymówić ani słowa, nawet przełknąć. Nawet wtedy, gdy ten, który swoim wzrokiem przeszywał i zdawał się skupiać całą swą uwagę wyłącznie na tobie, zaczął ukazywać twarz, która z każdym dniem stawała się bardziej kamienna, pozbawiona wyrazu...

W ten sposób nawet się nie spostrzegłem, jak dotarłem do końca, prawie do końca. Trzeba przypomnieć, że choroba, ta straszliwa choroba zaczęła ujawniać się już dawno temu. Pierwsze symptomy pojawiły się już w 1991 roku, postępującym drżeniem niektórych palców lewej ręki. Następnie w 1993, gdy Ojciec Święty poślizgnął się i zwichnął prawe ramię. Doktor Buzzonetti był przekonany, że upadek wiązał się z pewnym zaburzeniem równowagi, a zatem z syndromem neurologicznym natury ekstrapiramidalnej. Z chorobą Parkinsona.

Muszę przyznać, że kiedy lekarz poinformował mnie o tym, zdałem sobie sprawę z powagi sytuacji, ale właśnie dzięki uzyskanym informacjom starałem się skupić uwagę na najmniej dramatycznych aspektach choroby. Na tym, że uchwycenie choroby we wczesnym stadium nie pozwoli co prawda na jej cofnięcie, ale sprawi, że będzie ona postępowała bardzo powoli, stopniowo. Nawet Ojciec Święty, gdy profesor Buzzonetti powiadomił go o tym, nie wyglądał na szczególnie przejętego. Poprosił o wyjaśnienie pewnych kwestii i zapewnił o swej gotowości do poddania się leczeniu, prosząc jednocześnie o pozwolenie na kontynuowanie swojej posługi.

Może właśnie dlatego, że Papież jak dawniej zajmował się sprawami Kościoła, nie uznano, że konieczne jest natychmiastowe poinformowanie świata o jego chorobie.

Jednak z upływem miesięcy i lat, choroba w sposób widoczny odciskała coraz bardziej wyraźne piętno na ciele Ojca Świętego, na jego fizycznych możliwościach, a więc na sposobie, w jaki realizował swą posługę pasterską, zwłaszcza podróże apostolskie. Pogodził się ze zwolnieniem rytmu, z ograniczeniem spotkań. Z biegiem czasu, może bardziej ze względu na skutki operacji biodra niż na samego Parkinsona, musiał być coraz częściej noszony, „transportowany". To dokuczało mu najbardziej, co zdradzał odruchami zniecierpliwienia. Brak niezależności w poruszaniu się traktował bowiem jako przeszkodę w bezpośrednim kontakcie z ludźmi.

W tym okresie na łamach różnych gazet krytykowano „ostentacyjny sposób" ukazywania jego cierpienia. Twierdzono, że lepiej byłoby, gdyby Papież, będąc w takim stanie, ograniczył swe publiczne wystąpienia i pozostawał w murach Watykanu. Prawdę mówiąc, te słowa zraniły dużo bardziej mnie i osoby z najbliższego otoczenia niż samego Ojca Świętego. On nie przywiązywał do nich wagi. W pewnym momencie, jak już wspomniałem, Papież zlecił przeanalizowanie kwestii abdykacji, po czym uznał, że wytrwa w swej misji tak długo, jak zechce tego Pan.

Tymczasem przygotowywał się do wielkiego wydarzenia. Właściwie przygotowania te czynił już od długiego czasu. Wystarczy przeczytać jego *Testament*. Zaczął go spisywać podczas rekolekcji wielkopostnych w marcu 1979 roku, kilka miesięcy po wyborze. I uaktualniał go, zawsze przy tej samej okazji, aż po rok 2000. Za każdym razem był to pewien rachunek sumienia, rodzaj rozliczenia z samym sobą. Przede wszystkim jednak było to potwierdzanie gotowości, by stanąć przed obliczem Pana i zwrócić mu życie, które otrzymał od Niego. Była to gotowość pogodna, jednoznaczna. Gotowość absolutna.

Nigdy nie odczuwał lęku przed śmiercią. Nawet wtedy, gdy w oddali majaczyły już wrota, za którymi czekało go spotkanie z Bogiem. Prosił często, aby zaprowadzić go do kaplicy, gdzie przez długi czas pozostawał na rozmowie z Panem. Gdy obserwowało się go podczas modlitwy, stawały się jasne słowa świętego Pawła, który nauczał, jak trzeba znosić cierpienie, aby dopełniać braki udręk Chrystusa dla dobra Jego Ciała, którym jest Kościół.

Pod koniec stycznia 2005 roku Jan Paweł znów zaczął czuć się źle. Na modlitwie Anioł Pański, w ostatnią niedzielę miesiąca, mówił z wielkim trudem, zachrypniętym głosem. Wydawało się, że było to jedynie przeziębienie, ale w ciągu kilku kolejnych godzin stan się pogorszył. Lekarze wyjaśnili, że to ostre zapalenie krtani i tchawicy, czemu towarzyszyły momenty zaciskania się krtani. Wieczorem 1 lutego, podczas kolacji, Jan Paweł II nie był w stanie oddychać. Usiłowaliśmy mu pomóc, ale duszności nie mijały i niezbędna była hospitalizacja w Poliklinice Gemelli.

Stan zdrowia bardzo szybko się poprawił. 9 lutego przypadał pierwszy dzień Wielkiego Postu. Odprawił Mszę świętą, pobłogosławił popiół, posypałem mu nim głowę. Miał to być czas skruchy i żalu, ale widząc, że czuje się coraz lepiej, odczuwałem w duchu wielką radość. Następnego dnia powrócił do domu.

Niestety, wkrótce nastąpiło ponowne pogorszenie. Coraz większe problemy sprawiało Ojcu Świętemu oddychanie, zarówno w ciągu dnia, jak i nocą. Przykro było patrzeć przede wszystkim, jak wdychał powietrze. Oddech stawał się świszczący, wręcz chrapliwy. Tragiczny był wieczór 23 lutego. Papież przeżywał kolejny kryzys, który groził zaduszeniem. Na kolacji obecny był jego stary przyjaciel, kardynał Marian Jaworski, arcybiskup Lwowa obrządku łacińskiego. Tak się przeraził, że natychmiast chciał udzielić „swemu" Karolowi sakramentu Namaszczenia Chorych. W nocy sytuacja na tyle się skomplikowała, że następnego ranka zadecydowano o ponownej hospitalizacji w Gemelli.

Leczenie farmaceutyczne, niestety, nie wystarczało. Już nie wystarczało. Doktor Buzzonetti wraz z innymi lekarzami podjął decyzję o konieczności natychmiastowego wykonania zabiegu tracheotomii, aby zapewnić Papieżowi wystarczający dopływ powietrza i uniknąć dzięki temu ponownego ryzyka uduszenia. Powiedzieli mu o tym, a on zwrócił się w moją stronę i na ucho wyszeptał, czy nie mógłbym poprosić lekarzy o przesunięcie zabiegu na okres letnich wakacji. Ale po chwili, widząc reakcję obecnych, momentalnie zgodził się na operację. I raz jeszcze obdarzył nas wszystkich odrobiną swego poczucia humoru. Doktor Buzzonetti starał się pocieszyć go, mówiąc: „Wasza Świątobliwość, to taki prosty zabieg". A on na to: „Prosty, dla kogo?".

Oczywiście wspomniano, że przez jakiś czas nie będzie w stanie mówić. Potem jednak, tuż po wybudzeniu z narkozy, przekonał się konkretnie, co znaczyło to ograniczenie. Poruszył dłonią. Zrozumiałem, że chce coś napisać. Podałem mu kartkę i długopis, a on drżącą ręką napisał kilka słów: „Co wyście mi zrobili! Ale... Totus Tuus". Pragnął wyrazić nimi swój ból z powodu utraconego głosu, a jednocześnie gotowość całkowitego zawierzenia się Maryi.

I tak, po raz pierwszy od początku pontyfikatu, Jan Paweł II po powrocie do Watykanu nie mógł przewodniczyć uroczystościom Triduum Paschalnego. Pomimo to, w Wielki Piątek pragnął śledzić nabożeństwo Drogi Krzyżowej w Koloseum za pośrednictwem telewizora umieszczonego w jego prywatnej kaplicy. Przy czternastej Stacji wziął w dłonie krzyż, jakby pragnął zbliżyć swą twarz do oblicza Chrystusa, łącząc swoje cierpienia z cierpieniem Syna Bożego umęczonego na krzyżu.

Czułem, że nadchodzi jego czas. Pan wzywał go do siebie...

W Niedzielę Wielkanocną Ojciec Święty pragnął przynajmniej udzielić błogosławieństwa „Urbi et orbi". Starannie się do tego przygotował, chwilę wcześniej próbował powtórzyć słowa błogosławieństwa i wydawało się, że wszystko będzie dobrze. Potem jednak, po zakończeniu przemówienia kardynała Sodano, odczytanego na Placu, stojący w oknie Papież, czy to na skutek wzruszenia, czy cierpienia, nie zdołał udzielić błogosławieństwa. Wyszeptał: „Nie mam głosu", a następnie, w ciszy, uczynił potrójny znak krzyża, pozdrowił rzeszę wiernych i spojrzeniem dał nam do zrozumienia, że chce odejść od okna.

Był głęboko poruszony, rozgoryczony, a zarazem wyczerpany daremnym wysiłkiem. Ludzie na Placu, wzruszeni, bili brawo, wołali go, a on czuł na sobie cały ciężar swej bezsilności i cierpienia. Spojrzał mi w oczy: „Byłoby chyba lepiej, żebym umarł, skoro nie mogę pełnić powierzonej mi misji". Chciałem odpowiedzieć, a on dodał: „Bądź wola Twoja... Totus Tuus". To nie był wyraz rezygnacji, ale poddania się Bożej woli.

W środę 30 marca Ojciec Święty ponownie ukazał się w oknie. Na placu było pięć tysięcy młodych ludzi z archidiecezji Mediolanu, którzy przyjechali na wyznanie wiary. Uważaliśmy, było to również moje zdanie, że powinien udzielić wyłącznie błogosławieństwa. Ale gdy to uczynił, zdecydowanym ruchem ręki dał znać, aby przybliżyć mu mikrofon. Pragnął powiedzieć kilka słów. Choćby jedno słowo. Choć podziękować. Ale z jego ust nie wyszedł żaden dźwięk. Oddalając się od okna nie miał już na twarzy tego wyrazu bezsilności, jaki dało się zauważyć w Niedzielę Wielkanocną. Już wiedział, był gotów...

Następnego dnia, około godziny 11.00, odprawiał w kaplicy Mszę świętą. W pewnej chwili mieliśmy wrażenie, jakby coś rozrywało jego ciało od środka. Gorączka dochodziła do czterdziestu stopni. Lekarze natychmiast postawili diagnozę, że doszło do bardzo poważnego szoku septycznego połączonego z zapaścią sercowo-naczyniową, spowodowaną infekcją dróg moczowych. Tym razem nie było mowy o hospitalizacji. Przypomniałem profesorowi Buzzonettiemu wyraźne życzenie Papieża, aby nie wracać już więcej do szpitala. Chciał cierpieć i umrzeć u siebie w domu, w pobliżu Grobu Świętego Piotra. Również w domu lekarze mogli zapewnić mu niezbędną opiekę.

Jan Paweł II znalazł się w swoim pokoju. Na ścianie naprzeciwko łóżka wisiał obraz cierpiącego, spętanego Chrystusa. Obok wizerunek Matki Bożej Częstochowskiej. Na stoliku zdjęcie rodziców. Na zakończenie odprawionej przeze mnie Mszy świętej wszyscy podeszliśmy i ucałowaliśmy jego dłoń. „Stasiu" – powiedział głaskając mnie po głowie. Potem przyszła kolej na siostry prowadzące dom, które wymienił wszystkie po imieniu, i wreszcie na lekarzy i sanitariuszy.

Piątek był dniem modlitwy: odprawiliśmy Mszę świętą, Drogę Krzyżową, Trzecią Godzinę Liturgii Godzin. Tadeusz Styczeń, bliski przyjaciel Karola Wojtyły, przeczytał kilka fragmentów Pisma Świętego. Stan był krytyczny. Ojciec Święty wypowiadał z wielkim trudem zaledwie kilka sylab.

Nastała sobota, 2 kwietnia.

Pragnąłbym potrafić przypomnieć sobie naprawdę wszystko.

W pokoju panowała atmosfera wielkiej pogody ducha. Ojciec Święty pobłogosławił korony przeznaczone dla wizerunku Matki Bożej Częstochowskiej w Grotach Watykańskich, a kolejne dwie do wysłania na Jasną Górę. Potem pożegnał się z najbliższymi współpracownikami, kardynałami, prałatami z Sekretariatu Stanu, kierownikami poszczególnych urzędów, pragnął pożegnać się także z Francesco, odpowiedzialnym za porządek w apartamencie.

Nadal był całkiem przytomny i choć mówił z wielkim trudem, poprosił, aby przeczytano mu Ewangelię świętego Jana. Nie była to nasza sugestia, to on wyraził takie życzenie. Również ostatniego dnia, jak to czynił przez całe życie, pragnął karmić się słowem Bożym.

Ksiądz Styczeń zaczął czytać tekst świętego Jana, jeden rozdział za drugim. Przeczytał dziewięć rozdziałów. W książce został zaznaczony punkt, w którym zatrzymała się lektura, i punkt, w którym zgasło jego życie.

W tym ostatnim momencie ziemskiej wędrówki Ojciec Święty stał się ponownie tym, kim był zawsze, człowiekiem modlitwy. Człowiekiem Bożym, głęboko zjednoczonym z Panem, dla którego modlitwa stanowiła nieprzerwanie fundament egzystencji. Gdy miał się z kimś spotkać czy podjąć ważną decyzję, napisać dokument czy udać się w podróż, najpierw zawsze rozmawiał z Bogiem. Najpierw się modlił.

Także i tego dnia, zanim wyruszył w swą ostatnią wielką podróż, przy wsparciu obecnych przy nim osób odmówił wszystkie codzienne modlitwy, przeprowadził adorację, medytację, antycypując nawet niedzielną liturgiczną Godzinę Czytań.

W pewnej chwili siostra Tobiana dostrzegła jego spojrzenie. Zbliżyła ucho do jego ust, a on ledwo słyszalnym głosem wyszeptał: „Pozwólcie mi odejść do Pana". Siostra wybiegła z pokoju, chciała podzielić się z nami tym, co powiedział, ale zanosiła się od płaczu.

Dopiero później pomyślałem: to wspaniale, że swe ostatnie słowa skierował do kobiety.

Około godziny 19.00 Ojciec Święty zapadł w śpiączkę. Pokój oświetlał jedynie blask zapalonej gromnicy, którą on sam poświęcił 2 lutego podczas uroczystości Matki Bożej Gromnicznej.

Plac świętego Piotra i przylegające do niego ulice zapełniały się tłumem. Było coraz więcej ludzi, przede wszystkim stale przybywało młodzieży. Ich okrzyki „Giovanni Paolo!" i „Viva il Papa!" docierały aż do trzeciego piętra. Jestem przekonany, że on także je słyszał. Nie mógł nie słyszeć!

Zbliżała się godzina 20.00, gdy niespodziewanie poczułem wewnętrzną potrzebę odprawienia Mszy świętej! Tak też uczyniliśmy wspólnie z kardynałem Marianem Jaworskim, z arcybiskupem Stanisławem Ryłko i dwoma polskimi księżmi – Tadeuszem Styczniem i Mieczysławem Mokrzyckim. Była to Msza święta poprzedzająca niedzielną uroczystość Bożego Miłosierdzia, tak drogą Ojcu Świętemu. Nadal czytaliśmy Ewangelię świętego Jana: „Jezus przyszedł, choć drzwi były zamknięte, stanął pośrodku nich i rzekł: «Pokój wam!»..." W chwili Komunii świętej zdołałem jako wiatyk podać mu kilka kropli Najświętszej Krwi Chrystusa.

Nadeszła godzina 21.37. Zorientowaliśmy się, że Ojciec Święty przestał oddychać. I wtedy zobaczyliśmy na monitorze, że jego wielkie serce po kilku jeszcze uderzeniach przestało bić.

Profesor Buzzonetti pochylił się nad nim i spoglądając na nas wyszeptał: „Powrócił do domu Ojca".

Ktoś zatrzymał wskazówki zegara.

A my, jednocześnie, niczym na rozkaz, zaczęliśmy śpiewać *Te Deum*. Nie *Requiem*, gdyż nie była to żałoba, ale *Te Deum*. W podziękowaniu dla Boga za dar, jaki nam przekazał, za dar w osobie Ojca Świętego, Karola Wojtyły.

Płakaliśmy. Jak mieliśmy nie płakać! Płakaliśmy łzami bólu i radości. I wtedy zapalono światła w całym domu...

Potem już nic nie pamiętam. Miałem wrażenie, że nagle zapadła ciemność. Ciemność nade mną i we mnie samym. Zdawałem sobie sprawę z tego, co się dokonywało, ale nie potrafiłem dopuścić do siebie tej myśli. A może nie potrafiłem zrozumieć. Zawierzyłem się Panu i kiedy wydawało mi się, że już wypełniała mnie pogoda ducha, powracała ciemność.

Aż nadszedł moment rozstania.

Wokół niezliczone tłumy. Obecne były osobistości przybyłe z daleka. Przede wszystkim jednak jego lud. Jego młodzież. I te jakże znamienne i naglące transparenty. Plac świętego Piotra wypełniała światłość. Światłość powróciła także do mojej duszy.

Na zakończenie homilii kardynał Ratzinger wskazał na okno mówiąc, że on na pewno tam stoi, widzi nas i błogosławi. Ja także odwróciłem głowę w tamtą stronę, jakże mogłem się nie odwrócić. Ale nie byłem w stanie spojrzeć w górę.

Na końcu, gdy niosący trumnę dotarli do wejścia do Bazyliki, powoli odwrócili ją w stronę wiernych, by mógł ostatni raz spojrzeć na Plac. By mógł pożegnać się ostatecznie z ludźmi, ze światem.

Ale także ze mną?

Nie, ze mną nie. W tamtej chwili nie myślałem o sobie. Przeżywałem te chwile wraz z innymi. Wszyscy byli poruszeni, wstrząśnięci. Dla mnie było to coś, czego nigdy nie zapomnę.

Orszak wchodził do Bazyliki. Mieli znieść trumnę do grot, do grobu.

A ja pomyślałem wtedy...

Byłem przy nim prawie czterdzieści lat. Najpierw przez dwanaście lat w Krakowie, a potem przez kolejnych dwadzieścia siedem w Rzymie. Zawsze przy nim. Zawsze u jego boku.

A teraz, w chwili śmierci, poszedł sam.

Zawsze mu towarzyszyłem, a stąd odszedł sam. Najbardziej poruszyło mnie to, że w tej drodze nie będę mógł mu towarzyszyć.

On wcale nas nie zostawił. Czujemy jego obecność. Doznajemy licznych łask przez jego wstawiennictwo. A ja towarzyszyłem mu aż do tego momentu.

Teraz odszedł sam.

A teraz? Po tamtej stronie, kto mu towarzyszy?

SPIS TREŚCI